Henning Schröer

zum 66. Geburtstag
am 2. Mai 1997*

D1876173

Wir sind halt nachtragend ...

Zur Zeit ist kaum jemandem in Theologie und Kirche zum Lachen zumute - und schon gar nicht zum Lachen über sich selbst. Diesem Mißstand versucht der *Kleine kabarettistische Katechismus* abzuhelfen. Die Idee entstand aus der Einsicht, daß es Kirche und Theologie gut tut, wenn sie ihren eigenen Horizont überschreiten und sich dort umtun, wo über Kirche und Theologie nachgedacht wird.

So wurden über 100 Kabarettistinnen und Kabarettisten angeschrieben mit der Bitte, sich zu Fragen des Heidelberger Katechismus und zu Themen von Luthers Kleinem Katechismus kabarettistisch zu äußern. Die Resonanz war überwältigend: Über 60 Autorinnen und Autoren meldeten sich mit Beiträgen zu Wort: Norbert Alich, Martin Buchholz, Die Doofen, Korelia Escher, Erwin Grosche, Härter bis Wolkig Faxenkombinat, Okko Herlyn, Franz Hohler, Hanns Dieter Hüsch, Joint Venture, Klüngelbeutel, Herbert Knebel, Werner Koczwara, Kom(m)ödchen, Die Kneifer, Die Kreuztreter, LutherRatten/Literaten, N8chtschicht, Osti Osteroth, Thomas Philipzen, Richard Rogler, Lutz von Rosenberg Lipinsky, Bruno Schollenbruch, Schwester & Bruder GmbH, Théâtre du pain, Die Weberinnen, Das Weißblaue Beffchen, Die Wi(e)derlacher u.v.a.

Damit entstand ein neuer Katechismus auf der Grundlage zweier sehr alter Katechismen. Dabei zeigt sich, daß deren Botschaft keineswegs als überholt gelten kann, sondern in einem Licht verfremdeter Aktualität neue Bedeutung gewinnt.

Der *Kleine kabarattistische Katechismus* enthält neben den »klassischen« Kabarettsketchen, von denen zahlreiche geradezu nach einer Vorführung beim nächsten Gemeindeabend rufen, auch zahllose Kabinettstücke, Lieder, Gebete und Gedichte, die provozieren, zum Nachdenken anregen und die Auseinandersetzung mit »Kirche« wieder spannend machen.

Günter Ruddat
Harald Schroeter
(Hg.)

Kleiner kabarettistischer Katechismus

Sketche, Satiren, Sentenzen zur Kirche und allen anderen Fragen des Glaubens

cmz

Die Deutsche Bibliothek – CIP-Einheitsaufnahme

Kleiner kabarettistischer Katechismus : Sketche, Satiren, Sentenzen zur Kirche und allen anderen Fragen des Glaubens / Günter Ruddat ; Harald Schroeter (Hg.) – Orig.-Ausg. – Rheinbach : CMZ-Verl., 1998

ISBN 3-87062-506-6

© dieser Ausgabe 1998-2001 by CMZ-Verlag Winrich C.-W. Clasen
Kallenturm 2, 53359 Rheinbach

© by den einzelnen Verfassern

Satz (Garamond 10,8 auf 11,5):
David Ruddat, Bonn
Winrich C.-W. Clasen, Rheinbach

Papier (90 g 1,8f. Munken Print):
Stora Enso, Helsinki

Umschlagbild:
Lisa Strencken, *Lachen*, Acryl, 1998

Umschlaggestaltung:
Winrich C.-W. Clasen, Rheinbach

Umschlaglitho:
Repro-Scan Halwass, Leverkusen

Gesamtherstellung:
Johannishof Druck- und Verlagsges. mbH, Rodenberg
Preses Nams, Riga

ISBN 3-87062-506-6

20010617

5 7 8 6

Inhaltsverzeichnis

Zum 1. Artikel (Schöpfung)

Zum 2. Artikel (Jesus)

Vorspann

Günter Ruddat / Harald Schroeter

Am Anfang war das Vorwort ...

»Protestanten treiben es am liebsten mit Katholiken, da habe ich jedesmal einen Katechismus.« Gegenüber dieser von den Kölner Kabarettistinnen »Die Misfits« in Selbstdiagnose erhobenen und anscheinend unheilbaren Krankheit, jenem epidemischen Befund verkrampfter Konfessionalität, markiert unser »Kleiner Kabarettistischer Katechismus« eine therapeutische Wende ... auch wenn zur Zeit kaum jemandem in Theologie und Kirche zum Lachen zumute ist, schon gar nicht zum Lachen über sich selbst. Dieser »Krankheit zum Tode« (Søren Kierkegaard) versucht der *Kleine kabarettistische Katechismus* als »Gegen-Gift« entgegenzuwirken.

Die *Idee* dazu entstand aus der Einsicht, daß es Kirche und Theologie gut tut, wenn sie ihren eigenen Horizont überschreiten und sich dort umtun kann, wo über Kirche und Theologie nachgedacht wird. Die Stimme der anderen, der »Fremden«, kommt so zu Gehör und bereichert durch kritische Begegnung und Begleitung die, die zu schnell - im eigenen Saft schmorend (und oft dabei schwarz werdend) - den Wald vor lauter Bäumen nicht mehr sehen. So wurden über hundert Kabarettistinnen und Kabarettisten angeschrieben, sich zu Fragen des *Heidelberger Katechismus* und zu Themen von Luthers *Kleinem Katechismus* kabarettistisch zu äußern. Die Resonanz war überwältigend. Über 60 Autorinnen und Autoren meldeten sich mit Beiträgen zu Wort: Norbert Alich, Martin Buchholz, Die Doofen, Korelia Escher, Erwin Grosche, Härter bis Wolkig Faxenkombinat, Okko Herlyn, Franz Hohler, Hanns-Dieter Hüsch, Joint Venture, Kölner Klüngelbeutel, Herbert Knebel, Werner Koczwara, Kom(m)ödchen, Die Kneifer, Die Kreuztreter, Lutherratten/Literaten, N8chtschicht, Osti Osteroth, Thomas Philipzen, Richard Rogler, Lutz von Rosenberg Lipinsky, Bruno Schollenbruch, Schwestern & Brüder GmbH, Théâtre du pain, Die Weberinnen, Das Weißblaue Beffchen, Die Wi(e)derlacher u.v.a. So entstand ein neuer, zugleich offener und unabgeschlossener Katechismus auf der Grundlage zweier sehr alter Katechismen. Dabei zeigt sich, daß deren Botschaft keineswegs als abzutun oder überholt gelten kann, sondern in einem Licht verfremdeter Aktualität neue Bedeutung und Gestalt gewinnt und zu bislang unvorstellbarer Auseinandersetzung mit den Quellen einlädt. Die sich für viele Christinnen und Christen verflüchtigende »eiserne Ration« des traditionellen Mediums *Katechismus* entwickelt dabei »in der kabarettistischen Klemme« überraschende Sprach- und Spielerweiterungen, unverblümte Verfremdung altvorderer Memoriertexte, unverstellte Inszenierungen vom unbekannten Leben mancher Leer- und Lehrformeln.

So ist ein einmaliger Katechismus entstanden, zwischen zwei Buchdeckeln eingebundene wortwörtliche »Unterweisung« (Weisung von unten; vielleicht sogar Weises »unter« der dogmatischen Gürtellinie) und darum auch unentbehrliches »Lehrbuch für christlichen Unterricht«, der heil-voll von ekklesiogenen Verkrampfungen befreit und den nicht nur gemeindepädagogischen »Zusammenhang von Leben, Glauben und Lernen« durch ökumenisches, horizont-erweiterndes Lachen fördert. So ein tendenziell globalisierender Katechismus bringt Bewegung nicht nur in die Kirche, sondern auch in manche allzuvertraut erscheinende und nicht mehr hinterfragte Sprachmuster.

Martin Luther, der sprachschöpferische Reformator, dem wir gerade auch den »*Kleinen* Katechismus« (1529) mit den klassischen fünf Hauptstücken - den Zehn Geboten, dem Glaubensbekenntnis, dem Vaterunser, den Sakramenten (Taufe und Abendmahl) - verdanken, hat uns z.B. immer wieder vor die Aufgabe gestellt, neue Dekaloge (Zehn Gebote) usw. zu schreiben, neu die elementare Gestalt unseres Glaubens und seiner Praxis zu formulieren und das gerade in Auseinandersetzung mit dem vorfindlichen Alltag und seiner Sprache. Das gilt nicht weniger für die reformierte Variante, den »Heidelberger Katechismus« (1563) mit seinen in Frage und Antwort sich entwickelnden Aussagen. Der viele Generationen bis heute prägende Text- und Erfahrungsschatz dieser alten Katechismen[1] wird durch die Begegnung mit kabarettistischen Annäherungen und Auseinandersetzungen, Verfremdungen und Verweigerungen neu zur Sprache gebracht: Der Glaube (wie der Unglaube) stellt Fragen, stellt in Frage ... und un-glaublich, was für un-mögliche Antworten da gewagt und versucht werden.

Auf jeden Fall eine Warnung: Unser Kleiner *kabarettistischer* Katechismus stellt nicht die Summe dessen dar, was die kabarettistische Szene an neuen entscheidenden Erkenntnissen und Wahrheiten zur anstehenden Reformation am Ende des 20. Jahrhunderts gebracht hat. Er enthält auch nicht das neue »postmoderne« Glaubensgut in kurzen Kernsätzen, sondern lädt als kabarettistische Glaubens- und Lebenshilfe (nicht nur) alle Christinnen und Christen ein, sich selbst den Spiegel vorzuhalten - zur schmunzelnden Schärfung des Glaubens und zur aufschreckenden Stärkung der lebensnotwendi-

1. Aktuelle preiswerte Ausgaben der klassischen protestantischen Katechismen: *Der Kleine Katechismus Doktor Martin Luthers.* Revidierte Fassung 1986. Gütersloh 1991; *Der Heidelberger Katechismus.* Hg. von Otto Weber. Gütersloh 1990; *Heidelberger Katechismus.* Revidierte Ausgabe 1997. Neukirchen-Vluyn 1997.

gen Fähigkeit, über sich selbst zu lachen, sich über sich selbst Gedanken zu machen (und erst dann über andere, noch besser für andere und am besten mit anderen), über den Glauben und seine Praxis, über die Kirche und ihre Zukunft, über die Theologie und ihre Toleranz, über den nicht nur mitgehenden, sondern auch schallend mit-lachenden Gott des Auferstehungsmorgens, der auch die Spötter liebt - ganz und gar konfessionslos. Wer zuletzt lacht, lacht mit Gott. Da wäre wohl selbst ein Friedrich Nietzsche beschämt - von wegen »Fröhlicher müßten mir die Christen aussehen!«

Kleiner Kabarettistischer Katechismus - das sieht so aus: Die destabilisierende *»An-Frage«* der Düsseldorfer Lutherratte, des Literaten Jürgen Erdmann, *Von der Frechheit eines Christenmenschen* stimmt gleich zu Anfang grundsätzlich ein in das Verhältnis und in den Zusammenhang von Kabarett und Kirche. Einer weiteren methodischen »Gebrauchsanweisung« für diesen Katechismus (etwa frei nach der Frage 28 des Heidelberger Katechismus: Was für Nutz bekommen wir aus der Erkenntnis dieses Katechismus?) bedarf es nicht. Dieser Katechismus, dieses unentbehrliche Vademecum für alle Wechselfälle des (un-) heiligen Lebens zwischen Vielfalt und Einfalt in Kirche und Gesellschaft, entwickelt seine despektierlichen *»Frage-Zeichen«* entlang der Hauptstücke von Luthers *Kleinem Katechismus*, denen die entsprechenden »klugen« Fragen des *Heidelberger Katechismus* in Auswahl jeweils vorgeordnet sind. Entsprechende »klare« Antworten aus der kabarettistischen Szene wollen ausgehalten und selbst aus- und weitergedacht, durchgespielt sein. Das gilt nicht nur für die zum Teil untergetauchten und darum desorientierenden *»Sakra-Mente«*, sondern erst recht für die etwas unterbelichteten, aber immerhin zum Abschluß aufgeschlossenen und desillusionierenden *»Frag-Mente«*: Predigt, Kasualien und Segen. Hier ist noch erheblicher Forschungsbedarf. Harald Schroeter meditiert ganz zum Schluß in seinen demütigen *»Ab-Fragen«*: Warum es der Kirche gut tut, fremd zu gehen.

Dem ist nichts mehr hinzuzufügen, außer unserer generellen Empfehlung »Von der anderen Seite probieren geht über einseitig studieren«.

Und ... was weiterführt: Die Verzeichnisse der Autorinnen, Autoren und Gruppen (wie der Quellennachweis) erschließen die hier repräsentierte kabarettistische Szene und laden ein, Kabarett als not-wendige Kleinkunst (auch) in der Kirche und »vor Ort« wahrzunehmen.

Henning Schröer zum 66. Geburtstag

Henning Schröer hat (nicht nur) als Professor der Praktischen Theologie in Bonn und Direktor des dortigen Instituts für Hermeneutik im Rahmen seiner Bemühungen um ein kooperatives Verhältnis von Kultur und Kirche versucht, die Welt des Kabaretts in Theologie und Kirche zu beheimaten. Davon zeugt nicht nur die Art und Weise, wie er selber Theologie treibt, sondern unter anderem auch sein Einsatz beim Deutschen Evangelischen Kirchentag, wo er z.B. gemeinsam mit dem Kabarettisten Lutz von Rosenberg Lipinsky gegen manche vermeintlich theologische Widerstände eine erste kabarettistische Bibelarbeit inszenierte. Als langjähriger Vorsitzender des Ständigen Ausschusses für Abendmahl, Gottesdienst, Fest und Feier (AGOFF) des Deutschen Evangelischen Kirchentags (von 1980 bis 1997) hat er durch seine kreative Dialogbereitschaft und interkulturelle Kommunikationsfähigkeit viele Aufbrüche »lebendiger Liturgie« dieser »protestantischen Wallfahrt« angestoßen und geprägt.

Sein Lebensweg führte Henning Schröer von seiner Geburtsstadt Berlin über Schleswig-Holstein und Studium nach

Kopenhagen, Heidelberg und 1971 nach Bonn.[2]

Die entscheidenden ersten Jahre als Hochschullehrer (ab 1968) prägten den querdenkenden »Lutheraner im unierten Gewand« zwischen Philosophenweg und Heilig-Geist-Kirche an der Alma Mater in Heidelberg, er hat sein Herz schließlich nicht am Neckar in Heidelberg verloren, sondern entdeckte weiter nördlich am Rhein zwischen Venusberg und Ölberg die Reize des Bonner Kußmundes.

Aus der wohnlichen Warte des Thomasberges (hinter den sieben Bergen des Siebengebirges) konnte hier einer sich und andere hinterfragen, der immer schon viel davon hielt, zu »öffentlicher Reizung zum Glauben« anzuhalten, die das Leben aufhellt und aufklärt und nicht verschleiert und vernebelt. »Das Wort zum Sonntag« als »Nebel im Kopf« (wie es Bruno Jonas einmal formuliert hat), das war und ist nicht seine Predigt, sondern vielmehr Theologie als Zeitansage im Sinne einer *Reizansage*, die das Wort »Reiz« durchaus doppeldeutlich wahrnimmt, als unbändige (sonntägliche) Lust am Leben voll Liebreiz pur und als überwindbarer (alltäglicher) Frust angesichts sich ausbreitender dumpfer Wort- und Tat-Klau(b)erei, die nur nachhaltig zum aufgeklärten Zorn und zur Reform(ation) reizen.

Angesichts seiner Festschrift zum 60. Geburtstag[3] im CMZ-Verlag, die sein wissenschaftliches Œuvre würdigte, haben wir

2. Vgl. seine Autobiographie: Henning Schröer: *Fides quarens doctrinam: Auf dem theologischen Lernweg des Glaubens*, in: Rainer Lachmann / Horst F. Rupp (Hg.), *Lebensweg und religiöse Erziehung. Religionspädagogik als Autobiographie*. Band 2. Weinheim 1989, 297-322.

3. Dietrich Zilleßen / Stefan Alkier / Ralf Koerrenz / Harald Schroeter (Hg.): *Praktisch-theologische Hermeneutik. Ansätze, Anregungen, Aufgaben*, Rheinbach-Merzbach 1991.

als sein erster und letzter Assistent uns zum Erreichen des Alters, wo er zwar a.D., aber nicht i.R. sein wird, etwas anderes überlegt, nämlich einen Anstoß für seinen langgehegten Traum, irgendwann einmal ein theologisches Kabarett zu gründen. Diese Festschrift fällt aus der Reihe, was schon das Widmungsdatum, der schnaps-zahlbare 66. Geburtstag, zeigt. Für alles, was Henning Schröer nun im Herbst seines Lebens noch aushecken wird, begleiten ihn unsere aquavitalen Wünsche. So ein *Kleiner Kabarettistischer Katechismus* ist darum kein einfaches, einmal von vorn nach hinten gelesenes Buch, sondern ein von Querdenkerinnen und -denkern quergelesenes Brevier, ein immer wieder neu handgreiflich werdender und »(k)lammfrommer« Aufruf zum Widerstand gegen alle dumme Einfalt, damit »das Fest der Narren« über-lebt: »Das Gelächter ist der Hoffnung letzte Waffe« (Harvey Cox), das will gelernt sein.

☺ ☻ ☺

Dank an alle, die uns geholfen haben, Kontakte zur Kabarettszene zu knüpfen: atelier-theater (Köln), Bürgerhaus Stollwerck (Köln), Sybille Fritsch-Oppermann (Loccum), Gruner + Jahr (Hamburg), Harmonie-Theater (Bonn), Haus der Springmaus (Bonn), Marianne Hoffmann (Köln), Kabarettagentur Feuerstein-Kessler (Mainz), Carmen Krafft-Dahlhoff (Essen), Kulturbüro Köln, Lach- und Schießgesellschaft (München), mm-Teamword (Neuss), Pantheon-Theater (Bonn), P.A.U.K.E. e.V. (Bonn), SchlapplacHHalle (Hamburg), Senftöpfchen (Köln), Theater im Anno (Bonn), Theater in der Filmdose (Köln), Tingel Tangel (Köln), Titanic-Leser-Service (Berlin), Tourneebüro Till Öllerking (Bochum) – und Dank an David Ruddat, der alle Beiträge dieses Buches im Computer erfaßt hat.

Henning Schröer

Etwaige Ähnlichkeiten mit heute sind rein zufällig

Aus einer kabarettistischen Bibelarbeit zu 2. Mose 23,1-13

1. Du sollst keine Schlagzeilen der Sensationspresse nachplappern, sondern sie prüfen. Hör auf mit dem Klüngeln, um Komplizen, Korruption und Amigos zu decken. Laß dir auch keinen Blackout zur rechten Zeit einfallen.
2. Du sollst Zivilcourage auch gegen die Mehrheit beweisen. Verwechsle nicht Demokratie mit dem »massenhaft gesunden Volksempfinden«. Mache keine Verbeugung vor den Grundgesetzbeugungen und -verbiegungen, z.B. bei der Parteienfinanzierung oder den Militäreinsätzen.
3. Bewahre Augenmaß, statt Affären unter den Teppich zu kehren oder andererseits aus Mücken Elefanten zu machen. Bewahre Verfassungsrichter vor politischem Lobbyismus.
4. Wenn jemand von deiner Konkurrenz im Osten zur Zeit Leute noch nicht voll beschäftigen kann, so wirb sie nicht alle im voraus nach Westen ab. Oder anders herum: Gehe auch nicht als Besserwisser zu ihnen, um sie zu belehren oder gar zu missionieren!
5. Wenn dein Widersacher oder Gegner mit dem Auto liegenbleibt, so fahre nicht stolz an ihm vorbei! Du sollst nicht sagen: »Selber schuld, da sieh selbst zu!«, sondern: Geh hin und sorge für Hilfe.
6. Du sollst als Politiker die Sozialhilfe nicht einfach aus Haushaltsspargründen kürzen und dir womöglich die eigene Börse spekulativ füllen.

7. Vor Volksbetrug hüte dich. Töte nicht - auch nicht durch Unterlassung - die Menschen der Dritten Welt, denn sie sind ohne Lobby. Gott wird den Betrug aufdecken, manchmal sogar die Presse.
8. Halte dich fern von den Amigos dieser Politik, denn Vorteilsnahme macht Einäugige blind und verdreht die Seele der gutwilligen Basis.
9. Den Fremdling »Kabarett« sollt ihr nicht bedrängen, weil ihr selbst die Fremdlingsherrschaft in der heutigen Gesellschaft kennt und wißt, daß es eine Zeit gab, wo der Maulkorb als Ernährungshilfe verordnet wurde.
10. Ihr sollt viel Zeit für redliche Arbeit und Nutzung der Erde ohne Ausbeutung aufwenden.
11. Aber du sollst auch eine Zwischenzeit einlegen, um den Armen und der geschundenen Kreatur eine Chance zu geben. Das gilt für alle Berufe, wie schon in der biblischen Zeit für Winzer und Olivenhändler.
12. Arbeite gewissenhaft in der Woche, aber schlag nicht die Zeit tot, sondern lerne innezuhalten, um Muße zu finden für dich und andere, auch um ein Fest zu feiern, ein Fest auf dem Markt oder in der Kirchengemeinde. Auch die erschöpfte Kreatur soll aufatmen können.
13. Das alles sind Gottes Richtlinien zum Leben in Gerechtigkeit und Verständnis füreinander. Ihr werdet Halt finden, wenn ihr euch an sie haltet und Einhalt gebietet der abgöttischen Verehrung der Betrugsparolen wie zum Beispiel: Machterhalt um jeden Preis! Koste es, was es wolle! Mir und zwei Dritteln geht es gut, na und? Hauptsache, man ist gesund, wer krank ist, ist selber schuld! Deutschland zuerst, was dann bleibt, kann den anderen zufallen! Ausländer raus, Reinheit für uns! Die Wahrheit ist gut, aber die Einschaltquote ist besser! Drängen ist fein, Verdrängen ist noch besser!

Gebt solchen Parolen keinen Raum im Denken, Reden und Handeln; überlaßt nicht alles den Kabarettisten. Denn vergeßt nicht: Dies steht - frei gesagt - doch auch schon alles in der Bibel.

Jürgen Erdmann (LUTHERRATTEN)

Von der Frechheit eines Christenmenschen

1. Kirchentag und Kabarett

1520 veröffentlichte Martin Luther, gerade 37 Jahre alt, seine streitbare Reformationsschrift ›Von der Freiheit eines Christenmenschen‹.

467 Jahre später haben wir Christenmenschen uns die Freiheit genommen - nicht ganz so programmatisch und ohne den Anspruch, in die Kirchengeschichte einzugehen - den Titel leicht zu verändern. Wie lebt man heute in einer christlichen Gemeinde, wie erlebt man sie, welche Denk- und Lebensgewohnheiten halten wir für selbstverständlich?

Solchen Fragen sind wir nachgegangen, haben Ungereimtes aufgespießt, Kurioses festgehalten, Ärgerliches der Lächerlichkeit preisgegeben. Denn der Satiriker - das wußte schon Tucholsky - ist ein gekränkter Idealist: ›Er will die Welt gut haben, sie ist schlecht, und nun rennt er gegen das Schlechte an.‹

Mit diesem Vorspruch kündigte sich die Düsseldorfer Kabarettgruppe »LutherRatten/Literaten« auf dem Frankfurter Kirchentag 1987 an - ihr damaliger Programmtitel: ›Von der Frechheit eines Christenmenschen - Düsseldorfer Senf für Frankfurter Würstchen‹.

War kirchliches Kabarett auf früheren Kirchentagen bestenfalls eine Art Paradiesvogel auf den Märkten der Möglich- und der Unmöglichkeiten, so brauchen sich Kabarettisten, Liedermacher und andere Kleinkünstler in letzter Zeit über mangelnden Publikumszuspruch nicht beklagen.

Kabarett ist nicht nur von einem Kirchen- oder Katholikentag nicht mehr wegzudenken. Es hat Einzug gehalten in viele christliche Ortsgemeinden. Und das hat ebenso viele gute Gründe. Die KREUZTRETER aus Mülheim/Ruhr - wie ihre Düsseldorfer Kollegen seit 1985 »im Geschäft« - nennen einige dieser Gründe:

»Es ist ein offenes Geheimnis, daß Lachen und Humor in der Amtskirche Mangelware ist. Selbst Luther, gewichtiger Gewährsmann evangelischen Lebens, führte in einer Tischrede aus: ›Einem verzagten Arsch entfleucht niemals ein fröhlicher Furz!‹«

Uns ein Ansporn, Kirchenkabarett zu betreiben. Zum andern: ein kirchliches Gehalt besteht zu 40% aus Schmerzensgeld, die restlichen 60% bedürfen psychohygienischer Begleitung. Also: nichts wie hin ins Kirchenkabarett! Dort treffen wir dann oft die vielen, vielen Mitarbeiter und -innen der Kirche, denen wir mit unseren Sketchen aus der Seele sprechen. »Wer hat Ihnen das alles von unserer Gemeinde verraten?«

Ja, wer wohl?

Schließlich und am wichtigsten sind die Lust und die Freude am Theaterspiel, sich auszuprobieren, Sichtweisen zuspitzen, die Kirche aufs Korn nehmen, nur getragen von der Hoffnung, daß sich nichts ändert.

Denn das wäre das Schlimmste, daß uns der Laden keine Sketche und Realsatiren mehr liefern würde. In diesem Punkt bin ich sehr konservativ.

Aber als Pfarrerssohn - in der siebten Generation - mit einem richtigen Bruder auf der Bühne bin ich davon überzeugt, daß uns die Ideen nicht ausgehen können. Na ja, und wenn sie ausgehen sollten, verlasse ich mich auf meine pantomimische Grundausbildung. Da kann ich was sagen, ohne zu reden. Womit wir wieder beim Thema Kirche sind. Und

Kirche - sagt schon mal jemand - sind wir doch alle. Ist nicht das schon genug zum Lachen?[1]

Anfragen an eine Amtskirche, die - wie fast alle Politiker - es jedem recht machen will. Aber in einer Kirche, wo alles gleich gültig sein soll, wird schnell alles gleichgültig. Die Gründe für die ständig beschworene Krise von Theologie und Kirche, für die immer mehr abhanden kommende Plausibilität von Volkskirche sind sicher vielschichtig. Und leider die Antwortversuche oft unbefriedigend.

Ein Bonner Religionspädagoge mahnte schon vor fast 30 Jahren: »Die neuzeitliche Gesellschaft ist heute an vielen Stellen gefährdet, weil die notwendige Preisgabe alter, vorindustrieller Gewohnheiten schmerzhafte Verwirrungen hervorruft. Nur die Kirche repetiert mit Gottesdienst und Kirchenjahr, Liturgie und Predigt verbissen ihre alten Ordnungen, ohne selbstkritisch zu fragen, ob diese Antworten von einst auch den Fragen von heute noch entsprechen.« Und er konstatierte mit gekonnter kabarettistischer Treffsicherheit: »Wer immer steht, muß ja nicht unbedingt standfest, er kann auch lahm sein.«[2]

Konrad Lorenz vermutet, daß die Gewöhnung phylogenetisch aus Ermüdungserscheinungen entstanden ist. Und schon Friedrich Hebbel wußte: Jede Geliebte wird einmal Hausfrau, jeder Purpur Rock, jede Krone Hut.

Hans-Dieter Bastian folgert: »Wäre nur theologisch anzufügen: Jedes Evangelium wird einmal Literatur, jedes Prophetenwort ein Kalenderspruch, das Kreuz Jesu ein liturgisches Gerät. An Stimmen, die sich über die Perversion der

1. »Tauch auf, Jona«, Ausschnitt aus dem dritten Programm, abgetrocknet von Henning Zimmermann-Vogler.

2. Hans-Dieter Bastian, *Theologie der Frage*, München 1969, 79.

kirchlichen Gewohnheitsbildung erregt haben, hat es selten gefehlt. Aber die Empörung ist meist didaktisch ahnungslos. Wir haben keinen grundsätzlichen Einwand gegen die Hausfrau und den Hut, die Literatur und das liturgische Gerät. Das didaktische Problem besteht darin, den Prozeß der Gewohnheitsbildung reversibel zu machen, also von der Hausfrau zur Geliebten und von der Literatur zum Evangelium zurückzufinden.«[3]

Bei allem gebotenem Respekt vor der Geschichte: Wer den Protest ganzer Konfirmanden-Generationen gegen das Memorieren von Katechismus-Fragen und Antworten penetrant überhört, braucht sich über den Kirchen-Exodus nicht wundern. Denn »so wenig eine Landkarte des Kolumbus für einen Flugkapitän im Düsenzeitalter eine zureichende Orientierung sein kann, so wenig sind bauernfromme Katechismen des 16. Jahrhunderts für die Gefahren der Neuzeit genügende Situationsbewältiger. Die volkskirchlichen Gewohnheiten haben die Christen zwischen 1933 und 1945, von 1945 bis heute nicht gelehrt, richtig fragen zu können, wenn die Ereignisse es erforderten.«[4]

2. Von der unmöglichen Möglichkeit eines Kirchenkabaretts

Ob nun Kabarettisten immer richtig fragen, wenn die Ereignisse es erfordern, wollen wir gerne dahingestellt sein lassen. Aber sie versuchen es doch immerhin. Die WI(E)DERLACHER aus Berlin geben ein treffendes Beispiel in ihrem programmatischen

---

3. Ebd., 79f.

4. Ebd., 83.

WI(E)DERLACHERLIED

Sie woll'n sich sicherlich mal richtig auslachen,
dem Nachbarn prustend auf die Schenkel hau'n.
Wahrscheinlich würd's Ihn' auch nicht mal was ausmachen,
wenn Sie mit Spucke ihm das Hemd versau'n.

Sie lachen fett und breit so aus dem Hals heraus,
vielleicht auch auf Befehl wie's Militär.
Sie lachen schadenfroh 'nen kleinen Pinkel aus
und sagen, wie gelacht doch alles wär'.

Vielleicht sind Sie sogar auch von ganz andrer Art,
mehr kalt und lässig, locker, weil's Ihn' steht.
Sie grinsen mehr mokant und bleib'n auch cool und smart.
Sie lassen lachen, wenn's nur irgend geht.

Dann sind Sie leider Gottes hier bei uns im Saal
nicht richtig; denn da bleib'n Sie unerfüllt.
Wir lachen auch, doch bleibt es uns schon öfter mal
im Halse stecken, weil 'ne Träne quillt.

Denn was los ist in der Zeit,
das fördert nicht die Heiterkeit.
Das ist zwar häufig lächerlich
und lachhaft, doch ganz sicherlich
hilft hier kein Humptatäterä,
so wenig wie Gewalt und Schmäh.

Wenn wir trotzdem das Lachen üben,
es könnt ja sein, daß in der trüben,
bedrohten Zeit, in der wir leben,
wir uns so neue Kräfte geben.

Trotz Auf und Nieder
Wir lachen wieder,
Wir lachen dagegen.
Auf Lachen liegt Segen.

Ob der Christ etwas zu lachen habe, steht dahin:[5] Das Lachen in der Kirche scheint heute weithin vergessen zu sein, so klagte schon vor Jahren der Schriftsteller und Theologe Gerd Heinz Mohr.

Handelt es sich dabei möglicherweise nur um einen Teilaspekt einer allgemeinen Erscheinung der Humorlosigkeit?

Vieles spricht dafür. Und die Flut sogenannter »humoristischer« Veranstaltungen - angefangen von den DOOFEN bis hin zu Helge Schneider - spricht keineswegs dagegen.

Im Gegenteil: Hier wird überdeutlich, wie krampfhaft die Menschen heute hinter dem Lachen her sind. Also suchen sie doch anscheinend etwas, das sie verloren haben - trotz aller Humorspalten und Witzseiten in den Zeitungen, trotz aller Lustspiele im Kino und im Fernsehen, wo man uns vorher meist das merkwürdig attraktive Versprechen gibt, wir würden uns bestimmt totlachen. Die Kirche macht hier keine Ausnahme. »Gut Ding braucht Weile. Kirchlich Ding braucht Langeweile«, so hat ein Spötter behauptet.

Am schrecklichsten aber ist die trockene Langeweile. Mancher Prediger würde einen guten Märtyrer abgeben, denn er würde in Folge seiner Trockenheit bestimmt gut brennen, hat der englische Erweckungsprediger Spurgeon einmal über einen Zeitgenossen bemerkt.

Man kann ja wohl auch behaupten, daß sich jene kirchlichen Mitarbeiter in einem verhängnisvollen Irrtum befinden, die da meinen, die Seelen ihrer Gemeindeglieder wie Dörrpflaumen behandeln zu müssen, um sie durch Austrocknen vor dem Verderben zu bewahren.

5. Auszüge aus einer Predigt, gehalten auf einer Tagung der Ev. Akademie Tutzing 1988: »Überleben Sie mal - Tutzinger Künstlergespräche mit Kabarettisten«.

Das Wort ›Humor‹ stammt bekanntlich aus dem Lateinischen und bedeutet soviel wie ›Feuchtigkeit‹ oder ›Saft‹. Und dem allgemeinen Natursterben - von den Bäumen angefangen bis zu den Robben - entspricht ein seelischer Austrocknungsprozeß, der leider auch in der Kirche zu beobachten ist.

Wir nehmen uns heutzutage alle bitterernst, gefallen uns mehr und mehr als tragische Figuren. Die Zeitgenossen, die noch über sich selbst lachen können, sind zu ausgesprochenen Raritäten geworden. Wir haben in einem Maße unser ›Ich‹ in den Mittelpunkt unseres Denkens und Fühlens gestellt, das bedrohlich erscheint.

Die meisten Christen wissen gar nicht oder haben vergessen, daß das Lachen einmal regelrecht zur Liturgie gehört hat: Im Mittelalter bildete es einen Teil des gottesdienstlichen Festverlaufes an den Ostertagen. Wenn der Priester den urchristlichen Gruß ›Der Herr ist auferstanden‹ in die Gemeinde rief, dann brachen Männer und Frauen, Greise und Kinder erleichtert in schallendes Gelächter aus.

Dieser Jubel schlug sich in einer Fülle von Bräuchen und Sitten nieder. Denn nach Askese und Entbehrungen der Passionszeit mußte man sozusagen das Lachen wieder lernen und erhielt dazu die Anleitung in der Kirche. Die Predigten waren gespickt mit lustigen Geschichten, Anekdoten und Witzen. Martin Luther selbst konnte noch so predigen - aber schon bei den Reformierten hatten solche Dinge keinen Platz mehr. Später verloren sich diese Bräuche ganz - Humorlosigkeit und religiöse Rechthaberei feierten ihre Triumphe. Und im 19. Jahrhundert konnte ein schwäbischer Pfarrer in einem Erbauungsbuch mit dem tiefsinnigen Titel *Der himmlische Liebeskuß* behaupten: »Ein Christ soll nicht lachen. Jesus hat auch nicht gelacht!«

Natürlich klingt für heutige Ohren ein solcher Satz lächerlich. Aber ich könnte mir auch denken, daß manche Zeitgenossen fragen, ob man denn nun gleich das Kind mit dem Bade ausschütten und in der Kirche, möglicherweise sogar noch im Gottesdienst selbst, Kabarett inszenieren müsse.

Solchem Einspruch wird man entgegnen dürfen: Auch die Bibel hat komische und satirische Seiten. »Gott selbst ›lacht über den Bösen‹, wie der Psalmist feststellt, denn er sieht seinen Untergang voraus. Noah wird wie Jona als unfähiger Spaßvogel geschildert. Das Volkstheater hat jahrhundertelang seine Rolle mit Narrenpritsche und Hinterteil zutreffend ausgestattet. Seine Frau war immer eine redselige Schlampe.«[6]

Als die greise Sarah einen Sohn zur Welt bringt, nennt sie ihn ›Gelächter‹ (Isaak), weil in ihrem Alter ein Kind zu kriegen einfach ein Witz ist (Genesis 17 und 21). Die Fabel Jothams in Richter 9 ist eine zeitlose Satire, die nichts an Aktualität eingebüßt hat. Jesajas berühmte Beschreibungen der törichten Götzenbildhersteller (Jesaja 44, 9-19) ist ebenfalls voller Satire, Samuels Erzählung von David und Bathseba spart nicht mit Zoten (2. Samuel 11), und Elias Tiraden gegen die Propheten des Baal auf dem Karmel (1. Könige 18) sind voller anzüglicher Übertreibungen. Und last not least: Selbst der sonst so staubtrockene Dogmatiker Paulus kann satirisch argumentieren, wenn er im Galaterbrief (5, 12) die Beschneidungsforderungen seiner Gegner attackiert.

Anders gesagt: Der biblische Humor nimmt gerne die Form der Satire an und bestätigt damit die Theorie des Dramatikers Thornton Wilder, daß ›die komische Tradition des Theaters die Absicht verfolgt, die Dummheit zu entlarven‹. Oder um es mit Harvey Cox zu sagen: »Komik gründet sich im Glauben. Der Sinn für das Komische kann über die lachen, die Kriege anstiften und den Hunger verlängern, und

6. Harvey Cox, *Das Fest der Narren*, Stuttgart 1969, 197f.

kann gleichzeitig daran arbeiten, sie zu entthronen. [...] Weil die Komik Hoffnung entzündet, führt sie [...] zu einer Beteiligung am Kampf um eine gerechte Welt.«[7] Und in einem Osterlied Paul Gerhardts (EG 112: »Auf, auf, mein Herz«) kann es sogar heißen: »Die Welt ist mir ein Lachen.«

3. »Spiel und Spielraum in der Kirche«

Liturgie und Spiel. Daß das Spiel heute als selbständige Kategorie seinen festen Platz in der Pädagogik, im familiären, sportlichen und im kulturellen Leben hat, darf wohl als Binsenweisheit gelten. Ob aber Kultur oder sogar christlicher Glaube und christliche Theologie selbst Spielcharakter haben, dürfte wohl eher mit Kopfschütteln beantwortet werden. Denn auch in unserem modernen Bewußtsein stehen Spiel und Spielen dem Ernst und der Ernsthaftigkeit als Gegensatzbegriffe gegenüber.

Zu unrecht, denn schon einfache Alltagsbeobachtungen können helfen, eine solche Betrachtungsweise als Irrtum aufzuklären:

Kinder und Schachspieler beispielsweise sind in der Regel in ihr Spiel versunken. Sie wollen beim Spiel auch nicht gestört werden und nehmen ihr Spiel durchaus sehr ernst. Fußballbundesligaprofis wie Kreisklassenspieler spielen - wie jeder Sportinteressierte weiß - ebenfalls höchst ernsthaft und riskieren oftmals sogar die Gesundheit dabei - meist die ihrer Gegenspieler. Sie lachen selten, während sie spielen. Sie riskieren höchstens, ausgelacht zu werden, wie die deutsche Fußballnationalmannschaft bei der Weltmeisterschaft in den USA 1994. Und sie lachen erst dann wieder, wenn sie ihre

7. Ebd., 199.

Kontoauszüge betrachten. Aber das ist ein anderes Thema und muß uns in diesem Zusammenhang wenig interessieren.

Wir können festhalten: Spiel und Ernst schließen sich nicht aus. Denn Spiel und Spieler brauchen Spielräume und auch Spielregeln. Und Spiel und Spieler vertragen darum auch keine Falschspieler und auch keine Spielverderber.

Wie aber verhalten sich Spiel und Glaube, Spiel und Theologie zueinander? Kann man überhaupt so fragen?

Ebensowenig wie Spiel und Ernst Gegensätze sind, so kann auch eine sakrale Handlung als Spiel verstanden werden, ohne daß sie in ihrer religiösen Ernsthaftigkeit und in ihrem religiösen Selbstverständnis relativiert oder gar abgewertet würde. Für Plato war die Identität von Spiel und heiliger Handlung ohne Vorbehalt gegeben, wie Huizinga[8] betont. Und auch Romano Guardini behandelt in seinem liturgiewissenschaftlichen Werk *Vom Geist der Liturgie* ›Die Liturgie als Spiel‹ (Kapitelüberschrift).

Denn Spiel und Liturgie, Spiel und sakramentale Handlungen sind wesensmäßig strukturanalog. Sakramentale Handlungen bewegen sich formell wie Spiele: Bühne und Altarraum, Spielplatz und Sakralraum sind in ihren Strukturen gleich:

Schachbrett und Fußballplatz mit Torraum, Strafraum, Anstoßkreis und Eckfahnen sind ebenso abgesteckte Räume mit »Ab- und Aussonderungssituationen«[9] wie Tempel, Gottesdiensträume und Altarbezirke. Geweihte religiöse Stätten sind – formal betrachtet – Spielplätze. Religionswissenschaftlich betrachtet sind sakrale Handlungen, wie zum Beispiel Taufen und Abendmahlsfeiern, Spiele, und die Anerkennung

8. Johan Huizinga, *Homo ludens*, Hamburg 1956, 25.

9. Ebd., 27.

ihrer Heiligkeit, ihrer religiösen Ernsthaftigkeit geht mit dieser strukturellen Ineinssetzung keineswegs verloren.

Kabarett ist neuer Spielraum gegen alte Spielregeln. »Woher kommt es nur«, fragte der Bischof von London den berühmten Schauspieler Quinn, »daß wir Prediger mit den erhabenen und wahren Gegenständen, die wir verkünden, meist nur geringen Eindruck machen, während ihr Schauspieler mit euren Dichtungen auf der Bühne die Leute so sehr bewegt?«

»Das kommt daher«, entgegnete Quinn, »daß wir von den erdichteten Sachen wie von wahren sprechen, die Herren Geistlichen dagegen von den wahren wie von erdichteten.«[10]

Unter dem Pseudonym »Ignaz« attackierte in den 80er Jahren ein Schreiber der katholischen Jugendzeitung *Blickpunkt* aus Hamburg einen Artikel der Wochenzeitung *Weltbild* aus der Feder des Leiters des liturgiewissenschaftlichen Institutes der Universität Regensburg:

»›Mädchen und überhaupt Wesen weiblichen Geschlechts gehören nicht in den Altarraum, weil kultische Opferhandlungen dem Wesen der Frau widersprechen. [...] Es hängt die Kultunfähigkeit der Frau mit dem Vollzug des Opferaktes zusammen.‹ Logisch, klar und überzeugend - so findet Ignaz auch diesen Satz. Die Frauen sind eben nicht opferfähig. Ignaz braucht sich nur seine Freundin anzusehen, die will auch keine Opfer mehr bringen. Nur einen Schönheitsfehler hat der besagte Artikel - schreibt doch der Ausgezeichnete, daß Frauen zwar nicht im Altarraum dienen, sich aber am Chorgesang beteiligen dürfen, obwohl, Ignaz zitiert wieder, ›Chorgesang in der Kirche stets als ein wesentlicher Teil des kultischen Dienstes galt‹. Da mag Ignaz nun nicht mehr so ganz zustimmen. Kult ist Kult - vorne wie hinten. Und wer

10. Hans von Campenhausen, *Theologenspieß und -spaß*, Gütersloh 1974, 58.

vorne kultunfähig ist, darf hinten auch nicht singen. Denn was dabei heraus kommt, wenn hinten solche singen, die vorne unfähig sind, das erfährt Ignaz jeden Sonntag in seiner Gemeinde.«

Im folgenden Text versuchen die KREUZTRETER aus Mülheim/Ruhr eine Ortsbestimmung zum Thema ›Kirche und Kabarett‹: »Kirche als Subjekt und Objekt im Kabarett? Und dann noch ein Kirchenkabarett mit dem Namen Kreuztreter? Wie kann so etwas gehen, gar gut gehen? Naja, seit 1985 spielen wir nun (in übrigens fast noch der alten Besetzung) Kirchenkabarett. Quer durch die alten und neuen Bundesländer haben wir zu wichtigen aktuellen Kirchenthemen spitze, sarkastische, satirische und hoffentlich auch humoristische Anmerkungen gemacht. Nicht immer haben unsere Zuschauer an der gleichen Stelle gelacht, aber wer wollte ihnen dieses vorschreiben. Oft haben wir allerdings festgestellt, daß die Unterschiede zwischen Nord und Süd, Lutheranern und Reformierten, zwischen Alt und Jung beim Kabarett gar nicht so riesig sind, haben doch alle mehr oder weniger den gleichen (oft unbeweglichen) Koloß vor sich. Für viele allerdings ist Kirche bereits ein Koloß, den sie hinter sich (gelassen) haben, den sie deshalb noch lange nicht gelassen lassen können. Das ist unsere Nische. Ausführlicher Dank gilt also den jeweiligen Kirchen*szenen*; ohne sie wären unsere Sketche niemals so lebensnah geraten.«

Eine Ortsbestimmung. Ja und jetzt? Sind wir irgendwie weiter, wissen wir mehr, sind wir schlauer?

Es ist und bleibt halt schwierig, die komplizierte Beziehung zwischen Kirche und Kabarett zu formulieren. Oft ist es eine Beziehungskrise, die uns um- und an die Sketche treibt. Bei der alten Dame lösen sich die Realsatiren ja auch nur ab. Und dann: Was signalisiert uns einen guten Sketch? Die Lacher der Abnehmer? Unser eigenes Vergnügen bei der

Entwicklung oder beim Spiel? Die Zuspitzung, die Übertreibung? Das Vergnügen an der Beobachtung, wie heilige Kühe über die Bühne gescheucht werden? Wir hören nach den Auftritten oftmals verblüffte Rückfragen, woher um alles in der Welt wir denn in der Gemeinde der Zuschauer so genau Bescheid wüßten, wer unser »Spion« sei. Das könnte ein Kriterium für gute Sketche abgeben: Blitzartig erkennen, daß Gemeinde größer ist als die vor Ort und kleiner ist als das, was in ihr vorgeht.

Um auf die Titelfrage zu kommen: »Vielleicht hieß die Muse auch nur Pampel?«[11]

4. »Ungehorsam als reformatorisches Prinzip« oder: Woher aufmüpfige Christen sich ihr Recht nehmen ...

Gute politische Witze gibt es bei uns so gut wie gar nicht, allenfalls mal ein Bonmot, das natürlich auch ein ›böses Wort‹ sein darf.

Als Johannes Rau im Mai 1985 seine Landtagswahl gewonnen hatte, sagte er vor dem Präsidium seiner Partei und laufender Fernsehkamera:

»Mainz ist die Rache, spricht der Herr, und Kohl sollt ihr fressen bis ans Ende eurer Tage.«

Die Damen und Herren waren in der Stimmung, prustend zu lachen; der Evangelische Arbeitskreis der CDU jedoch nahm Anstoß am Mißbrauch des göttlichen Wortes – was ja ebenfalls für den Witz sprechen könnte.[12]

---

11. Aus dem Programmheft zum 5. Programm »Uns geht's ausnehmend«, 1993.

12. E. C. Hirsch, *Der Witzableiter*.

Daß Humor und Satire samt dem ›risus paschalis‹ aus der Kirche ausgezogen sind, hat nicht nur die bekannten kirchengeschichtlichen Gründe. Rudolf Bohren konstatiert in seiner Predigtlehre: »Nun ist der prophetische Spott aus der Gegenwartspredigt weithin entschwunden, die Sprache der Freiheit hat weitgehend der Sprache von Beamten Platz gemacht.«[13] Und eben diese »Einordnung des Pfarrerstandes ins Bildungsbürgertum, seine Beamtenexistenz lassen es wohl erklären, daß auch ›der vergnügte Theologe‹ meist keinen Spaß kennt, wenn er die Kanzel besteigt.« Wen verwundert es, daß es den meisten eingetragenen Christen schon lange keinen Spaß mehr macht, sich ›unter‹ die Kanzel zu begeben. Denn wer nur ›ja und amen‹ sagen darf, wird schnell sprachlos. Geistliche Aphasie aber verführt zur Apathie - und kaum zum Ungehorsam gegen die neuen Verführer, die sich heute auch innerhalb der Kirche wieder breit zu machen versuchen.

Die Glocken dröhnen ihren vollsten Ton
und Photographen stehen knipsend krumm.
Es braust der Hochzeitsmarsch von Mendelssohn.
Ein Pfarrer kommt. Mit ihm das Christentum.

Im Dome knien die Damen schulternackt,
noch im Gebet kokett und photogen,
indes die Herren, konjunkturbefrackt,
diskret nach ihren Armbanduhren sehn.

Sanft wie im Kino surrt die Liturgie
zum Fest von Kapital und Eleganz.
Nur einer flüstert leise: Blasphemie!
der Herr. Allein, ihn überhört man ganz.[14]

13. Rudolf Bohren, *Predigtlehre*, München 1971, 245; nächstes Zitat 249f.

14. Kurt Marti, *Hochzeit* (1959).

Bastian formuliert zu recht: »Dem reformatorischen Prinzip des Ungehorsams gebührt theologische Aufmerksamkeit und Anerkennung, weil es sich als genuin biblisch erweist. Von den Propheten des Alten Bundes bis auf die Apostel des Neuen führt die Spur eines nonkonformistischen Verhaltens, das die Zäune des gewohnten Gehorsams überspringt oder auch niederreißt. Amos, der Mann aus Juda, der im Staatsheiligtum Bethel Gottes Gericht ankündigt, Jeremia, der gegen ausdrücklichen Befehl des Königs Israels Katastrophe publiziert, Paulus, der zum Entsetzen seiner jüdischen Glaubensgenossen mit Heiden heidnisch verkehrt - sie alle akzentuieren den Ungehorsam, aber nicht auf Grund eines sozialen, politischen oder religiösen Kontrastprogramms, sondern unter dem Eindruck einer Macht, die neben sich keine andere Autorität duldet. Folgerichtig beschreibt Jeremia diese Macht des Wortes Gottes als Hammer, der Felsen zerschmeißt, als ein Feuer, das vor den geheiligten Normen der Religion und der Sitte nicht verglüht, sondern sie entzündet.«[15]

Ob deswegen jeder Kabarettist wegen seiner selbstgewählten Aufmüpfigkeit ›radikalen Gottesgehorsam demonstriert‹, wird man gewiß dahingestellt sein lassen müssen. Aber er probiert eine neue Kontaktform im Umfeld der religiösen Kommunikation aus, deren Motiv weder Profilneurose noch Willkür, sondern die Erfahrung einer fortschreitenden kirchlichen Kommunikationsunfähigkeit ist.

»Ein feste Burg ist unser Spott« - Mit diesem Programmtitel zogen die Düsseldorfer LUTHERRATTEN in den letzten zwei Jahren durch deutsche Lande. »Ein feste Burg ist unser Spott - das ist durchaus wörtlich, wenngleich nicht unbedingt ernst zu nehmen: Ist das Gelächter der Hoffnung letzte

15. Hans-Dieter Bastian, *Abseits der Kanzel*, Olten / Freiburg 1968, 91f.

Waffe, so ist der Spott möglicherweise die letzte Form der Auseinandersetzung mit einer Kirche, die weithin die Ewigkeit mit der Vergangenheit verwechselt und sich statt eines entschlossenen *aggiornamento* mit kosmetischen Auffrischungen ihrer Lebensvollzüge begnügt.«[16]

Ein feste Burg ist unser Spott,
ein gute Wehr und Waffen.
Er hilft uns gegen unsern Trott,
damit wir nicht erschlaffen.

Den alt bösen Trend
der Osten jetzt kennt;
groß Geld und viel List
sein grausam Rüstung ist,
auf Erd ist nicht seinsgleichen.

Mit unsrer Kirch ist nichts getan,
sie ist gar bald verloren.
Die Leute weg, die Kassen leer,
uns wird der Kopf geschoren.

Fragst du, warum's so ist?
Die Kirche so trist?
Es fehlt Phantasie,
und nur mit Prüderie,
kann man kein Spiel gewinnen.

Und wenn die Welt voll Gönner wär
in Reih und Glied Sponsoren,
so blieb es sonntags dennoch leer,
in Kirch und auf Emporen.

Die Menschen von Welt,
wir ham sie verprellt.
Drum kommn sie jetzt nicht,

16. Herbert Lindenlauf im gleichnamigen Programmheft.

wir stehn im Dämmerlicht;
davon wir euch erzählen.

Würde die alte Gleichung ›Christ = Gottesdienstbesucher‹ noch aufgehen, müßten die Küster Schwerstarbeit leisten. Daß dem nicht so ist, ist ein allseits bekanntes Kennzeichen der heutigen Volkskirche - die ›Abstimmung mit den Füßen‹ wird zwar unablässig beklagt, aber ›medienanalphabetisch‹ kuriert: man verbastelt sich an der gottesdienstlichen Agende und verschlimmbessert ein ohnehin ungenießbares Gesangbuch.

»Vielleicht sind Kirchensteuerchristen weniger Schrumpffiguren eines alten Systems als halb neugierige, halb enttäuschte Partner einer noch nicht gefundenen Kommunikation.«[17] WI(E)DERLACHER, KREUZTRETER, LUTHERRATTEN und ihre hier nicht namentlich genannten Kleinkunstkollegen versuchen, ihr Sprachrohr zu sein.

Ihrem dritten Programm »Quo Vadis - Bedrohe deinen Nächsten wie dich selbst« (1988) stellten die LUTHERRATTEN eine »Düsseldorfer Kabarettistische Erklärung« voran:

1. »Wenn ihr in Zungen redet und nicht mit deutlichen Worten, wie kann man wissen, was gemeint ist? Ihr werdet in den Wind reden.« (1. Kor. 14,9)
   »Oder wie kannst du sagen zu deinem Bruder: Halt, ich will dir den Splitter aus deinem Auge ziehen?, und siehe, ein Balken ist in deinem Auge.« (Matth. 7,4)

Kirchliches Kabarett als eine Möglichkeit der Gemeindearbeit will Alltäglichkeiten, an die wir uns allzu schnell gewöhnen, durch ihre satirische Inszenierung in einen anderen Kontext

17. Hans-Dieter Bastian, *Kommunikation*, Stuttgart 1972, 136.

setzen und so Informationsfluß, Lernprozesse, aber auch die Erweiterung des eigenen Bewußtseins ermöglichen.

Wir bekennen uns zu der rechten Lehre, daß Kritik in und an der Kirche unangemessen sei. Die Amtskirche ist ohnehin eine Realsatire.

2. »Aber der im Himmel wohnt, lachet ihrer, und der Herr spottet ihrer.« (Psalm 2,4)
»Wenn der Herr die Gefangenen Zions erlösen wird, so werden wir sein wie die Träumenden. Dann wird unser Mund voll Lachens und unsere Zunge voll Rühmens sein.« (Psalm 126,1+2)

Der Kabarettist steht grundsätzlich mit seinem Publikum, gleich wie die Bühne aussieht, auf einer Ebene. Und hier darf gelacht werden, ohne daß man - typisch deutsch - als unernsthaft oder albern abgetan wird.

Wir bekennen uns zu der rechten Lehre, als dürfe nur die Frohbotschaft froh sein. Den meisten denkenden Christen ist das Lachen ohnehin längst vergangen.

3. »Die Menge der Gläubigen aber war ein Herz und eine Seele; auch nicht einer sagte von seinen Gütern, daß sie sein wären, sondern es war ihnen alles gemeinsam.« (Acta 4,32)
»Und er sprach zu ihnen: Wie fein hebt ihr Gottes Gebot auf, damit ihr eure Satzungen aufrichtet.« (Markus 7,9)

Kirchliches Kabarett proklamiert die »intellektuell-kritische Ausnahmesituation«, sprich Narrenfreiheit, um Dinge so beim Namen nennen zu können, wie das sonst nicht möglich wäre.

Wir bekennen uns zu der rechten Lehre, daß kirchliches Kabarett Gotteslästerung sei. Auf Halbgötter (in schwarz oder weiß) haben wir uns spezialisiert.

4. »So bringt mir nun einen Spielmann!« (2. Könige 3, 15a)
»Und hindere die Spielleute nicht!« (Sirach 32,5)

Szenische Satire als eine Spielart des Theaters lädt »Macher« wie Zuschauer zu einer besonderen Form des Miterlebens, der Identifikation oder Distanzierung ein.

Wir bekennen uns zu der rechten Lehre, daß kirchliches Kabarett die Politisierung der Kirche begünstige. Wie wollen Sie anders dem neuen Klerikalismus auf die Schliche kommen?

5. »Die Wege sind verödet, es geht niemand mehr auf die Straße. Man hält nicht Treu und Glauben, man verwirft die Zeugen und achtet der Leute nicht.« (Jesaja 33,8)
»Ist jemand in Christus, so ist er eine neue Kreatur; das Alte ist vergangen, siehe, Neues ist geworden.« (2. Kor. 5,17)

Kabarett leistet Neuerung und/oder Erweiterung des kirchlichen Angebotes. Satire, Humor und Witz können durch das Kabarett in die Kirche zurückgeholt werden - vorausgesetzt, das Osterlachen läßt sich mit der Kirchenordnung einer jeweiligen Landeskirche vereinbaren.

Wir bekennen uns zu der rechten Lehre, daß Sittenverfall und Unglaube überhand genommen haben. Wer Thron und Altar den kleinen Finger reicht, verliert schnell beide Hände.

6. »Ich bin euren Feiertagen gram und verachte sie und mag eure Versammlungen nicht riechen.« (Amos 5,21)
»Ich ermahne euch nun, liebe Brüder, durch die Barmherzigkeit Gottes, daß ihr eure Leiber hingebt als ein Opfer, das lebendig, heilig und Gott wohlgefällig ist. Das sei euer vernünftiger Gottesdienst.« (Römer 12,1)

›Kabarett darf alles.‹ (Tucholsky)

Nirgendwo anders darf so frei und ohne Tabus gearbeitet werden, während gottesdienstliche Rituale zwar vergewissern und entlasten, aber auch sehr stark einengen können.

Wir bekennen uns zu der rechten Lehre, daß jeden Sonntagmorgen der fromme Ausnahmezustand zu erklären sei. Was aber, wenn ›die peripheren Ex-Nomaden‹ (»Randsiedler«) eines Tages ihre Sponsorentätigkeit ganz einstellen würden?

Die strukturellen Ähnlichkeiten mit der Barmer Theologischen Erklärung von 1934 sind rein zufällig beabsichtigt.

1. Kunststück: Gebote

Das erste Hauptstück
Die Zehn Gebote

Das erste Gebot
Ich bin der Herr, dein Gott.
Du sollst nicht andere Götter haben neben mir.

Das zweite Gebot
Du sollst den Namen des Herrn, deines Gottes,
nicht unnütz gebrauchen;
denn der Herr wird den nicht ungestraft lassen,
der seinen Namen mißbraucht.

Das dritte Gebot
Du sollst den Feiertag heiligen.

Das vierte Gebot
Du sollst deinen Vater und deine Mutter ehren,
auf daß dir's wohlgehe und du lange lebest auf Erden.

Das fünfte Gebot
Du sollst nicht töten.

Das sechste Gebot
Du sollst nicht ehebrechen.

Das siebente Gebot
Du sollst nicht stehlen.

Das achte Gebot
Du sollst nicht falsch Zeugnis reden wider deinen Nächsten.

Das neunte Gebot
Du sollst nicht begehren deines Nächsten Haus.

Das zehnte Gebot
Du sollst nicht begehren deines Nächsten Weib,
Knecht, Magd, Vieh noch alles, was sein ist.

Was sagt nun Gott von diesen Geboten allen?
Ich der Herr, dein Gott, bin ein eifernder Gott,
der an denen, die mich hassen,
die Sünde der Väter heimsucht
bis zu den Kindern im dritten und vierten Glied,
aber denen, die mich lieben und meine Gebote halten,
tue ich wohl bis in tausend Glied.

Kluge Frage – Klare Antwort
Heidelberger Katechismus: Fragen 87-115 und Antworten

87. *Können denn die nicht selig werden, die sich von ihrem undankbaren, unbußfertigen Wandel zu Gott nicht bekehren?*

Doch – denn nur die Unbußfertigen können erlöst werden! Wer aber immer nur oder immer wieder umkehrt, dreht sich im Kreis und erreicht nie das Ziel. (Lutz von Rosenberg Lipinsky)

89. *Was ist die Absterbung des alten Menschen?*

Absterbung, also des müßt jetzt sowas sei wie bei unsrer Oma: die stirbt net richtig, aber die lebt au nimme richtig. Sie vergißt halt alles und kann nimme recht laufe, und füttern muß mer se au. So stirbt se halt allmählich ab wie en Baum im saure Räge, und irgendwann isch se dann dot. (Sibylle Wiemer-Clement)

91. *Welches sind aber gute Werke?*

Das Eisenhüttenwerk in Duisburg-Rheinhausen ist besser als das in Völklingen. (Andreas Loos)

92. *Wie lautet das Gesetz des Herrn?*

... ich kaufe ein »A«. (Barbara Hornberger)

97. Soll man denn gar kein Bildnis machen?

Alles oder Nichts! Was anderes kommt nicht in Frage. Alles aber kann man nicht abbilden. Und Nichts erst recht nicht, das kann man sich nur einbilden. Einbildnis aber ist gefährlicher als kein Bildnis. Drum prüfe ewig, wer da bildet, ob sich nicht noch ein Vorbild findet! (Korelia Escher)

100. Ist denn mit Fluchen und Schwören Gottes Namen zu lästern eine so schwere Sünde, daß Gott auch über die zürnet, die solchen, soviel an ihnen ist, nicht helfen wehren und verbieten?

Wir schlagen vor: Gott, das den Himmel erschaffende Ding, verbindet mit dem Klang menschlicher Worte ein Gefühl, das wir Menschen als »Geruch nach Zimt« bezeichnen würden. Dies göttliche Gefühl hat insoweit mit unseren menschlichen Worten zu tun, als daß Gott den Zwischenraum zwischen den Lettern des Uralphabets bezeichnet, welches zwar zwischen jedem Buchstaben »immer wieder« ist, aber stets gleich und das Selbe. Es ist daher anzunehmen, daß Gott unseren Begriffen grundsätzlich andere Bedeutungen beimißt, wenn überhaupt. (Hans König)

101. Kann man aber auch gottselig bei dem Namen Gottes einen Eid schwören?

Weinselig sollte man keinen Eid schwören. »Gottselig bei dem Namen Gottes« – man erkläre mir der Sprache zackige Klippen. Es gibt irgendeine Pfuscherei mit den Fingern beim Schwören – das haben die Juden in Spanien so gemacht als sie zwangskonvertierten ... so genau weiß ich das nicht mehr. Jedenfalls gibt es da sicher Auswege. Die rheinische Lösung beim Schwören ist: erstmal schwören, dann sehen, was draus wird, dann kann man immer noch irjendswie oder was. (Norbert Alich)

102. Darf man auch bei den Heiligen oder anderen Kreaturen einen Eid schwören?

Dem Ingenör is' nix zu schwör! (Martin Funda)

107. Ist's aber damit genug, daß wir unsern Nächsten nicht töten?

Tut mir leid, die Frage habe ich nicht verstanden. (Osti Osteroth)

108. Was will das siebente Gebot? (Du sollst nicht ehebrechen.)

Heirate - und du bist wohlauf für eine Woche! Schlachte ein Schwein - und du bist wohlauf für einen Monat! Werde Priester - und du bist versorgt fürs ganze Leben! (aus Polen - mitgeteilt durch Schwester & Bruder GmbH)

109. Verbietet Gott in diesem Gebot nichts mehr denn Ehebruch und dergleichen Schanden?

Und wenn - dann liegt er falsch. Denn oft wird die Ehe im Ehebruch gewonnen, wie der Stein im Steinbruch. (Richard Rogler)

114. Können aber, die zu Gott bekehret sind, solche Gebote vollkömmlich halten?

Eben noch von Zweifeln geplagt, daß die vom Nachttisch meines Bruders von mir gestohlene Schokolade schon Sünde genug war, lese ich jetzt auch noch bei Matth 5,27 u. 28: »Ich aber sage euch: Wer eine Frau ansieht, ihrer zu begehren, der hat schon mit ihr die Ehe gebrochen in seinem Herzen.« Man könnte einige andere Beispiele nennen. Also unmöglich, absolut unmöglich. So steht es ja auch in den Erklärungen zum Heidelberger Katechismus. Ein jeder, auch die Allerheiligsten, kommen über einen geringen Anfang des Gehorsams nicht hinaus. Die Sache hat einen Vorteil: Gut, daß man wenigstens in seinem Sünden-Dasein nicht alleine ist. (Thomas Philipzen)

Lutz von Rosenberg Lipinsky

Gebote der Stunde

Ein Arbeitsversuch mit, an und durch die Bibel

---

1. Eine unmögliche Institution

Was ist Kirche? Was sie *tut*, ist klar: Die katholische regt sich auf, geht trotzdem unter. Und die protestantische? Die langweilt nur.

Auch was einem *in* der Kirche für gewöhnlich widerfährt, ist bekannt: Man erlebt Solidarität mit drei alten Damen. Man fühlt sich gerufen, weiß nur nicht, wohin. Manchmal ist man tief betroffen, erkennt: »Du mußt Dein Leben ändern!« Aber dann schaut man in den Kalender und stellt fest, daß es diese Woche leider nicht geht. Und man versucht zu verstehen, wie man mit dem Grundlosen und Unverständlichen umgeht, z.B. im Glaubensbekenntnis: »Gelitten unter Pontius Pilatus ...« Ich habe als Junge geglaubt, das sei eine Krankheit. Ist ja lateinisch! Hab' mich dann nur gefragt, warum sich die Jünger nicht angesteckt haben ...

Es erklärt einem ja keiner was! Dabei habe ich diese grundsätzliche Frage: Was *ist* Kirche? Niemand gibt einem doch darauf eine richtige Antwort. Stattdessen wird man mit Zeichen und Gleichnissen beworfen.

Es gibt z.B. Christen, die als Symbol für sich den Fisch benutzen. Vermutlich, weil sie am liebsten untertauchen. Oder sich als die einzig wahren und tollen Hechte im religiösen Karpfenteich betrachten.

Und es geht ja wohl beim christlichen Glauben auch um Petri Heil. Etliche Klerikale jedenfalls sind permanent dabei, im Trüben menschenzufischen. Warum geben sie nicht offen zu, daß sie gerne möchten, daß man ihnen ins metaphysische Netz geht?

Warum kann man nicht klar sagen, was man will und wer man ist!?

Als Bild für die Kirche wird auch oft das Schiff verwendet. Vielleicht kennen Sie das Lied: »Ein Schiff, daß sich Gemeinde nennt ...« Na toll. Seit wann geben sich Schiffe selber Namen? Ja, und dann heißt es, dieses Schiff führe über die Weltmeere zum himmlischen Hafen. Schön und gut: Mir aber stellen sich da wieder tausend Fragen:

Kann das Kirchenschiff untergehen? Auch die *Titanic* bezeichnete man schließlich als unsink- und den VfL Bochum als unabsteigbar!

Oder: »Es kommt ein Schiff gelahahaden ...« Jaja, haha, geladen sind tatsächlich alle in der Gemeinde, weil das Kirchenschiff immer in der gleichen Besatzung fährt: Der Pastor befindet sich im Ausguck und sagt, wo's langgeht. Der Diakon steht gehorsam am Steuer, seine Frau in der Kombüse und alle anderen rudern wie wild.

Würde mich nicht wundern, wenn einer 'mal so sauer ist, daß er das Ganze zum Kentern bringt. Und dann?

Vielleicht gefällt es ja sogar Gott, seiner Kirche das Freischwimmen beizubringen!? Ja: Schwimmen muß man, wenn das Ding untergeht – denn eins ist klar: Auf diesem Schiff gibt es keine Rettungsboote. Das verlangt der Stolz. Der der Klerikalen. Die halten ja ihre Kirche nach wie vor für das Traumschiff und sich selbst für Sascha Hehn ...

Oder dieses Bild von der Gemeinde als Leib ... also jetzt nicht als Laib. Davon kann sich nämlich keiner eine Scheibe abschneiden. Das ist vielmehr im Sinne von Körper gemeint. Und es heißt, jeder sei ein Glied an diesem Leib. Bei dieser Vorstellung werde ich ganz rot. Ich meine, an einem Körper befinden sich schließlich auch einige eklige Sachen ... und unangenehme Organe ...!

Ich bitte um Entschuldigung: Aber fragen Sie sich doch mal, wer in Ihrer Gemeinde der Blinddarm ist oder wer der Arsch!?

Da fällt mir auf: Ein Körper scheidet doch auch aus! Da stimmt das Bild. Denn so kommen sich viele in der Kirche vor: Sie werden aufgenommen, verzehrt, verschluckt, verarbeitet und wenn sie zu nichts mehr zu gebrauchen sind, werden sie ausgeschieden. Und treten dann zumeist auch aus. Kirche als Ausscheidungswettbewerb - nach dem K.O.-System: Wer kommt ins himmlische Finale?

Na, schönen Dank. Nicht mit mir. Ich stehe nicht auf religiösen Nahkampf ...

Für eine solche Kirche aber soll ich schreiben, reden gar? Nein. Hier ist die Bibelarbeit zuende.

2. Eine unmögliche Veranstaltung

Juni - die Wonnezeit! Die Deflorationsmeldungen häufen sich, und auch die Schwimmbäder öffnen ihre Tore.

Doch plötzlich senkt sich Dunkelheit über die Stadt: Denn Horden einfliegender Protestanten verdunkeln den Himmel - es ist Weltnacht. Nein, es ist Kirchentag!

Evangelisten fallen ein wie jene mythenhaften Heuschrekken, die Gott seinerzeit sandte, um den Pharao zu piesacken. Aber nicht nur der, alle sollen stets Leid tragen, und so geht sie auf uns los, die Sakralguerilla. Überall dreschen sie uns ihre Lieder ins Gehirn, immer die Jutegitarre im Anschlag. Sakropop - soviel kann man gar nicht essen, wie man da kotzen möchte.

Gut, beim Turnerfest skandieren Tausende in U-Bahnen »Einer geht noch, einer geht noch 'rein!« Da mag man es als

Fortschritt betrachten, wenn nun von Plätzen himmlischen Friedens gesungen wird. So weit, so schlecht.

Aber Sportler kann man wenigstens leicht an ihren rosahellblau gemusterten, ballonseidenen Jogginganzügen identifizieren und springt eben aus dem Waggon, wenn man sie sieht. Die Christenheit kommt dagegen ja heute zumeist perfider daher. Ja, im Sommer läßt auch die hartgesottenste Protestante ihren Norwegerpullover im Schrank! Woran soll man sie also erkennen? An ihren Früchten etwa? Nein - als Normalbürger ist man dem Geheule der Gottesjunkies machtlos ausgeliefert. Denn die beginnen erst zu singen, wenn sich die Tür bereits hinter ihnen geschlossen hat!

Das meiste vom sog. christlichen Lied*gut* versteht man allerdings ohnehin nicht. Oder was soll das bedeuten: »Herr, Deine Liebe ist wie Gras und Ufer«? Daß wir von diesem Ufer sind und Gottes Liebe deshalb vom andern sein muß? Daß man diese wie Gras in der Pfeife rauchen kann?

Oder jenes schöne Stückchen mit dem Titel: »Es ist keiner zu groß und keiner zu klein ...«! Soll dies als Botschaft gelten für die Damen im Publikum, die nach dem Konzert frustriert doch nur wieder mit ihrem Allerwertesten von dannen ziehen?

Einige Kirchentagsprogramme sprechen auch nicht für sich; geschweige denn für die Veranstaltung selbst. Ein Typ z.B. ist ständig dabei, der wohl Musiker sein soll. Die Rede ist von »Uwe Lal aus Schalksmühle«. Würden Sie den nicht auch spontan eher für einen Zungenredner halten?

Ganz offensichtlich wird immer und überall auf Kirchentagen dieser sogenannte »ambitionierte, kernige Deutschrock mit interessanten Texten« gespielt. Hört, hört: »Gott hat Power! Nach dem Konzert wißt ihr's genauer!« Das klingt doch wie: »Mein Künstlername ist Reiner Reim!« Also: Mir ist sowas peinlich ... Prädikat: Besonders wertlos!

Und wer kann sich unter Veranstaltungstiteln wie »Taufe in unübersichtlicher Zeit« oder »Drei Referate von der Sinnhaftigkeit der Zeit im Alltag« etwas anderes vorstellen als das ausgemachte Geschwafel von Leuten, die man woanders mit Grund nicht reden läßt? Prädikat: Besonders sinnlos!

Am meisten schäme ich mich allerdings immer wieder für den Markt der Möglichkeiten. Unmöglich finde ich den. Wer sich da alles aus- und damit bloßstellt!

Was um Himmels willen soll oder will z.B. »die christliche Bäcker- und Konditorenvereinigung«? Produzieren die religiöse Brötchen; womöglich nicht mit Schlitz auf der Oberhälfte, sondern mit Kreuz?

Was sind »christliche Eisenbahner«? Zeitreisende? Menschen zwischen Kirche (Unternehmen Vergangenheit) und Bahn (Unternehmen Zukunft)? Also Leute von gestern im Zug von morgen?

Warum tut sich die AG »Frauen gegen Hunger« nicht mit dem AK »Einkaufen und Essen« zusammen? Das würde alle ihre Probleme lösen! Aber vermutlich könnten sie dann nicht mehr »drüber reden«. Prädikat: Besonders stillos!

Fragen über Fragen.

Nun, die einzige Veranstaltung, die ich deshalb auf dem letzten Kirchentag besucht habe, ist die »zur Sache mit der Kirche«. Da gab es ein tolles Forum unter dem Titel: »Wollt auch ihr gehen?« Gute Frage! »Ja,« habe ich gerufen, »genau!« Der Herr hat doch selber gesagt: »Ich bin die Tür!« Also: Nix wie raus! Nein, hier ist die Bibelarbeit nun endgültig zuende.

3. Eine unmögliche Situation

Eines muß ich ohnehin klarstellen: Das hier bilden wir uns ein. Das gibt es alles nicht. Ich finde das zwar, aber ich finde es unmöglich.

1. Kunststück – Gebote

Eine kabarettistische Bibelarbeit kann es doch gar nicht geben. Ich bitte Sie: Schon der Begriff *Bibel-Arbeit* ist doch paradox. Arbeit, Arbeit, Arbeit. Ich dachte immer, es geht um Glauben.

Aber offenbar lesen wir Deutschen die Bibel nicht. Wir arbeiten *mit* ihr. Oder soll Bibelarbeit heißen, daß *sie an mir* arbeitet? Oder jemand *durch sie* an mir? Oder soll ich mich *an ihr* ab- oder aufarbeiten? Soll ich mich *in sie hinein* arbeiten, bis ich nicht mehr hinausfinde? Wollen wir das? Mit der Bibel arbeiten? Wie andere mit Menschen arbeiten? Oder mit der Laubsäge? Also, ich will das nicht.

Noch schwieriger wird die Sache durch die Beschreibung *kabarettistische* Bibelarbeit. Kabarett und Arbeit - paßt das zusammen? Natürlich. Auch wenn's für den Künstler mehr Spiel ist als Plackerei, oder zumindest sein sollte, so muß man doch sagen, daß das Publikum vor allem deshalb Spaß hat, weil es jemand anderem bei der Arbeit zusehen kann. Und wer Kabarett als Firlefanz bezeichnet, soll erstmal versuchen, einen Hannoveraner zum Lachen zu bringen. Denn das ist Arbeit.

Kabarett und Bibel - das paßt aber nun sicherlich nicht zusammen. Bibel - das ist doch für uns positiv; das ist solide; daraus wollen wir Maßstäbe beziehen. Kabarett dagegen ist negativ; es ist kritisch; es stellt unsere Kriterien infrage. Entweder werde ich also positiv und damit unkabarettistisch oder negativ und damit unbiblisch.

Wir wollen das Unmögliche. Ich werde alles nur falsch machen können. Das steht jetzt schon fest. Und deshalb verweigere ich. Ich habe keine Lust, auf vier Seiten gleichzeitig vom Pferd und dann womöglich noch unter zwei Stühle auf eine Bananenschale zu fallen. Auch, wenn es vielleicht lustig aussieht. Nein. Nicht mit mir.

Hier ist die Bibelarbeit also zum dritten Mal zuende.

4. Eine unmögliche Schrift

Warum interessieren wir uns überhaupt derartig für die Bibel? Es handelt sich doch nur um ein normales Buch! »Biblos« heißt auf deutsch nur »Buch«. Nichts weiter.

Und trotzdem ist für viele die Bibel kein normales Buch, sondern ein besonderes; eine heilige Schrift. Aber warum? Ich finde diese Schrift zum Teil nicht nur unverständlich, sondern auch unleserlich. Also, das Buch Leviticus z.B. ist doch nur was für Masochristen!

Was macht eine Schrift überhaupt zur heiligen? Daß man H-E-R-R großschreibt - also durch einen orthographischen Fehler?

Wieso nennt man die Bibel »das Buch der Bücher«? Obwohl, eine schöne Formulierung ist es ja: *Die* Bibel, *das* Buch, *der* Bücher. Also alle drei Artikel. Scheint ein geschlechtsloses Werk zu sein. Man könnte auch genausogut Buch hoch drei sagen. Aber das hätte dann ja was mit Potenz zu tun ...

Es gibt ja etliche, für die die Bibel eine enorme Bedeutung hat. Mein Freund Harald z.B., der steht geradezu auf der Bibel. Ich verstehe das nicht so ganz. Aber Harald sagt immer, Gott habe ihn da hingestellt. Für ihn ist die Bibel der Maßstab, wie er sagt; und, würde ich sagen, das macht das Leben für ihn auch wirklich einfacher. Der steht schon immer ganz gut da. Denn für ihn steht zu allem etwas drin: Zur Atomkraft; zu den Robbenbabys oder zur Verhängnisverhütung. Es ist schon von Vorteil, wenn man die Bibel als Standpunkt hat. Dann braucht man, wenn man ein Problem hat, nur von ihr herunterzusteigen und nachzuschlagen in seiner freien Meinung ...

Ich könnte das so nicht. Ich habe gerne eine eigene Meinung. Ja: Eine *Mein*ung und eben keine *Dein*ung oder *Seinung*. Aber die muß eben gebildet werden.

Deshalb habe ich so viele dumme Fragen, auch zum Text. Sehen Sie, z.B. frage ich mich, warum es fünf Mosi gibt? Und warum unterteilt man die immer noch weiter in der Theologie; in J, E und P?

Was soll auch der Quatsch mit der sog. Priesterschrift? War Mose etwa katholisch? Was soll der Name Exodus hier? Das ist doch die legendäre Platte von Bob Marley? Und immer diese Abkürzungen: 2. Ex. 20! Bei Ex denkt man doch sofort an Hopp, oder?

Vor allem aber die Übersetzungsstreitigkeiten der Theologiker! Was soll das ...? Warum muß man jetzt plötzlich »Lobe den Herrn, meine Seele« mit »Segne meine Kehle, Adonaj« übersetzen? Muß das sein?

Nein – selbstverständlich ist das alles für mich nicht; nicht einmal, mich mit der Bibel zu beschäftigen. Und solange mir niemand erklären kann, warum ich das soll, verweigere ich. Nicht mit mir. Dies wäre dann das vierte Ende der Bibelarbeit.

5. Einige unmögliche Vorstellungen

Wo der Text beginnt, hört's bei mir auch schon auf – nein, nicht mit den Problemen. Die gehen weiter. Zunächst ist das ja ganz schön: Gott stellt sich vor. Interessant! Warum tut er das? Hat er das nötig? Offensichtlich – vermutlich hätten die sonst damals nicht gewußt, wer er ist; hätten ihn womöglich nicht erkannt – wie man so sagt. Erkenntnis ... Vielleicht fehlt die, weil es noch viele andere Götter gab außer ihm?

Gott stellt sich vor. Ich stelle mir vor – Gott in einer anonymen Masse von anderen Wesen, will sich bekannt machen. Ergeht ihm also genauso wie uns auf dem Kirchentag. Auch das wäre eine schöne Vorstellung: Gott besucht den Kirchentag! Und niemand erkennt ihn! Und dann malt er sich aus lauter Verzweiflung ein Namensschild: »Hallo, ich bin der: Ich bin, der ich sein werde!« Damit kriegt man natürlich keinen Kontakt ...

Wichtig, wichtig: Es wird nicht geleugnet, daß es andere Götter gibt. Und zwar nicht etwa unter, sondern womöglich gar neben ihm. Auch wenn wir sie nicht haben sollen, es gibt sie. Das Bilderverbot steht nicht umsonst im Text.

Es gibt andere Götter. Und auch wir haben doch alle unterschiedliche Vorstellungen davon, wie es zu sein habe im Leben. Und unterschiedliche Vorstellungen davon, wie Gott nun seinerseits wiederum sei. Keiner von uns kann ihn von sich aus kennen.

GOTT: Gott hält jeder, für was er will. Unter ihm kann man sich alles und jede vorstellen - wie es scheint. Wen man nicht alles für Gott hält. Für wen man Gott nicht alles hält. Es gibt Völker, die halten Gott für ein Tier, verehren seine Wildheit. Hierzulande hält man ihn gewöhnlich für einen Menschen. Wie gewöhnlich. Manche halten ihn für einen Vater. Also für jemanden, der immer kurz 'mal vorbeikommt, um was zu verbieten. Manche halten Gott für eine Mutter. Also für jemanden, der sich permanent ein Ei drauf brät, daß er Dich geboren hat. Manche halten Gott für eine naive Jungfrau vom Land oder für einen jungen, gutaussehenden Esoteriker in Jesus-Latschen ... Viele glauben aber, er sei ohne Zeit, ohne Geschichte, ohne Schuld, ohne Tod. Die halten ihn für ein Kind.

Vielleicht aber ist er ein Spieler: Dem die Ewigkeit zu lang wurde. Da schuf er die Welt: Dreistöckig - Himmel, Hölle - und dazwischen Action. Und nun sitzt er zur Rechten des Croupiers und läßt die Kugel rollen, auf der wir alle sitzen. Rien ne vas plus. Dann geht nichts mehr. Denn: Wenn dem so ist, sind alles, was uns bleibt, doch nur Wünsche. Und: Was ist das - ein menschlicher Gott; ein eifernder, nein, womöglich ein geifernder Gott, ein Eifer-süchtiger!? Einer, der nur die liebt, die ihn lieben? Das kann jeder!

Wir erkennen Gott nicht von uns aus. Höchstens falsch. Er muß schon von sich aus ankommen. Aber – immerhin: In diesem Text spricht Gott direkt, wenn auch nur zu Mose. Aber sowohl das Volk Israel, als auch vielmehr wir hier und heute – hören *wir* ihn direkt? Nein. Es gibt Gott im Normalfall für uns nur indirekt, vermittelt – innerhalb also von Raum und Zeit. Selbst Gottes Gebote werden durch Menschen transportiert.

Aber wem soll ich vertrauen, daß er Gottes Wort und Willen kennt und ihn mir auch noch sagt? Pfarrern etwa? Menschen also, die mit ihrem auf Kirchenrabatt gekauften und bei der HUK natürlich vollkasko-versicherten Passat durch die Straßen rasen und dem Beifahrer 'mal eben zwischen Tür und Angel stecken, was für ihn richtig ist? Wozu brauchen wir überhaupt Priester, Gottes Fachleute? Ich kann doch selber hören! Oder sagen wir: Ich könnte, wenn er nur mit mir spräche! Ja, jetzt höre ich bereits die Evangelikalen brüllen, die Leute vom Pietcong: »Ja, Du mußt ihm auch Gelegenheit geben!« Na toll. Ich bin nunmal auch der, der ich bin. Ich will mich nicht erst verstellen müssen, um etwas verstehen zu können. Aber selbst, wenn. Ich habe natürlich schon die Frage, warum ich einem Gebieter gehorchen, seinen Geboten folgen soll? Warum? Warum soll ich ihm meinen Glauben schenken? Macht das Sinn? Also: Erstmal reagiere ich da trotzig. Denn schon diese Geschichte mit den Tafeln ... das hat doch was sehr Oberlehrerhaftes.

Schließlich sind wir Deutschen auch, was den Gehorsam angeht, gebrannte Kinder. Wir sind nun wahrlich mindestens einmal zu viel gefolgt. Wer will da noch von Führung sprechen? Nein, ich verweigere den Gehorsam, der blind macht. Nicht mit mir. Dies ist das fünfte Ende der Bibelarbeit.

6. Einige unmögliche Bedingungen

Gott stellt sich vor. Damit man ihn erkennt. Oder: Vielleicht ist er einfach nur höflich ... wie ein Westfale. »Guten Tach, ich bin der Herr, Dein Gott.« »Ja ...«, sach ich, »guten Tach. Eh, kennen wir uns?« - »Ich bin der, der Dich da aus Ägypten aus der Knechtschaft geführt hat!« - »Eh ... ja, tut mir leid, kann ich mich jetzt echt nicht dran erinnern ...«, sage ich und beende das Gespräch. Erstens denke ich nämlich, daß er sich echt was Besseres hätte einfallen lassen können, um mich anzusprechen. Und zweitens war ich im Gegensatz zu vielen hier ja sogar in Ägypten! Aber das war völlig anders: Ich habe mich da sehr wohl gefühlt, von wegen Knechtschaft. Und weggebracht hat mich die Lufthansa. Obwohl: Im Cockpit war ich nicht ...

Will sagen, es gibt ein Problem. Das Volk Israel hatte einen Grund, auf Gott zu hören. Denn zuerst hat er mal was für sie getan. Hat den Pharao getriezt und all das. Aber wie sieht das heute mit uns aus?

Zehn Gebote - hört sich erst mal ungeheuer wichtig an. Aber: Was soll das? Was gehen die mich an? Wieso soll ich mich von denen angehen lassen? Ich habe bisher noch nie ein Brotmesser in der Hand gehabt und dabei an jemanden Bestimmtes gedacht. Ich habe bereits gestohlen und gelogen. Doch, habe ich. Na und? Geht das jemanden was an? Und was geht es mich an, was jemand anderer vom Lügen hält? Es interessiert mich herzlich und hirnlich wenig, solange er von der Lüge an sich spricht und nicht von meiner.

Die Zehn Gebote sind nunmal absolute Forderungen. Und alle absoluten Äußerungen, die nicht unsere Zusammenhänge berücksichtigen, regen mich auf. Weil sie lebensverachtend sind. Weil sie nur sehen, was ist, und nicht, wie etwas geworden ist. Im Neuen Testament wird ja sogar die These aufgestellt, es gebe das Gesetz nur, damit man daran scheitert; damit man spürt, daß man es sowieso nicht halten kann und daran seine eigene Erlösungsbedürftigkeit erkennt. Seltsame Phantasie ...

Aber: So steht's nunmal hier. Du sollst. Bedingungs-, zeit- und raumlos. Prinzipiell. Und da will ich dann auch gar nicht, daß mir ein netter Theologe erklärt, ja, das müsse man ja auch alles differenzieren, und in den heutigen Kontext bringen und das mit dem Töten sei heute eben im Zusammenhang des Waffenexports zu sehen und und und ... Schwachsinn! Hier ist von einzelnen und nicht von Gesellschaftsstrukturen die Rede. Und wenn ich das Militär verweigere, dann aus anderen Gründen. Davon gibt's ja nun wahrlich genug.

Also, diese evangelischen Romantiker kriegen wirklich die schönsten Schleifen hin. Ein netter Theologe schafft es, die Eröffnung dieses Textes so auszulegen, daß sich zum Schluß doch alle angesprochen fühlen können, auch Leute von heute und Frauen und Fremde und Kinder und und und.
Das aber, nachdem er selber in seiner Einleitung die Wahrheit gesprochen hat. Nämlich wie folgt: »Mit diesem Text werden Leute angeredet, die Eltern haben (HarHar, wer hat die nicht!) und Kinder (Hier hört's bei mir persönlich schon auf) und Frauen begehren können (oha!); sie haben Sklavinnen und Sklaven, eigene Ackererde und Vieh ...«

Ja, genau: Die werden angesprochen und nur die! So: Die ein, zwei Leute hier im Saal, die sich immer noch von diesem Text gemeint fühlen, können ja da auf der Orgel eine Arbeitsgruppe bilden und wir anderen gehen was trinken.

Dies ist dann das sechste Ende dieser Bibelarbeit.

7. Einige unmögliche Forderungen

Wenn ich mir nun so die Gebote durchlese - also: Das sollte ich lieber bleiben lassen. Da rege ich mich doch nur wieder auf. Was für ein Unfug ist z.B. dieses vierte Gebot: Wenn ich meine Eltern ehre, dann lebe keineswegs ich lange auf Erden, sondern die!

Vor allem aber: Wen soll ich denn da ehren? Menschen, die ihrerseits weder sich noch ihre Kinder geehrt haben? Denen nach dem Krieg nichts wichtiger war, als zu vergessen, schnell, schnell weiterzumachen. Wiederaufbau - lächerlich. Wiederverdrängung müßte man sagen. Und Widerstand - der hätte notgetan. Stattdessen: Eine Generation mit Pomade im Haar, den Nußbaumholzmöbeln im Wohnzimmer und dem Opel im Kopf.

Eine Generation, die aus unserem Land einen Schrebergarten machen wollte und jahrelang eine reaktionäre Vogelscheuche zum Kanzler wählte. »Keine Experimente!« sagte Adenauer. »Mach keine Dummheiten!« sagten seine geistigen Untertanen, unsere Eltern. Das sei respektlos, sagen Sie? Vielleicht. Aber: Es gibt eben auch ein Zuviel der Ehre!

Auch über die letzten beiden Gebote könnte ich mich maßlos aufregen. Da werden Haus, Ochse und Frau in einem Zusammenhang als das Eigentum des Mannes aufgezählt. Das ist doch das Letzte! Wir Deutschen sagen ja auch: Ich *habe* eine Frau oder einen Mann. »Wie, Du hast keine Freundin?« - »Nee, ich komme einfach nicht mehr zum Einkaufen ...!« - so klingt das. Aber ein Mensch gehört doch niemandem, wie ein Esel oder eine Pfadfinderlederhose. Leuten, die das so sehen, *muß* man womöglich geradezu ihre Partner abspenstig machen, damit sie das 'mal begreifen.

Und: »Du sollst nicht begehren ...!« Warum nicht? Was ist daran falsch? An sich nichts. Denn nur dadurch, daß es Ehe gibt, gibt es auch Ehebruch. Es ist immer erst die Ordnung da, bevor die Sünde entsteht. Die Regel sorgt für die Ausnahme, nicht umgekehrt. Die Ordnung schafft die Sünde, nicht umgekehrt. Gesetze brechen Menschen, nicht umgekehrt.

Nur dadurch, daß die menschliche Gemeinschaft sich sichern wollte und die Familie stiftete, um die materiellen Grundlagen zu erhalten, wurde der Ehebruch zur Strafsache. Wir haben die Ehe dann ja wunderbar zu einer geistigen Gemeinschaft gemacht, romantisch wie wir sind. Aber dieser Gebotszusammenhang macht es wieder klar: Man soll die überlebensnotwendigen, materiellen Grundlagen des anderen nicht antasten. Darum geht's. Und das mag ja auch ganz richtig sein. Nur: Was ist mit Bedürfnissen, mit Wünschen, mit Gefühlen? Sollen, wollen wir zulassen, daß natürliche Empfindungen plötzlich zur Sünde werden, nur weil eine Gesellschafts-Ordnung es so verlangt? Womöglich eine veraltete?

Vielleicht sollten wir nachdenken. Darüber, daß heute keineswegs mehr nur die Familie das materielle Auskommen sichert. Und daß sie deshalb nicht besonders geschützt werden muß. Daß auch nichteheliche Lebensgemeinschaften und auch gleichgeschlechtliche der gesellschaftlichen Rücksicht bedürfen. Von Alleinstehenden ganz zu schweigen. Und darüber, daß Menschen einander nunmal begehren. Und darüber, daß dieser Wunsch da war, bevor Ordnungen ihn unterdrücken wollten. Und er wird immer da sein. Daran kann, daran darf man nichts ändern. Deshalb ist die Bibelarbeit hier nun wirklich zu Ende.

8. Eine mögliche Gefangenschaft

Das Problem ist doch: Gesetze gelten immer nur für eine Gruppe, auch sie sind zeitlich und räumlich begrenzt. Von wegen absolut. Auch Ordnungen sind vergänglich, relativ. Was gut ist und was schlecht, ist also immer eine Frage der Perspektive. Wer z.B. politisch rechts und wer links steht, das ist eine Frage des *eigenen* Standpunktes. Nehmen Sie die Razzien gegen sog. Linksradikale: Für Manfred Kanther kommt offenbar die politische Gefahr immer noch nur von links. Kein Wunder, weil sich rechts von ihm kaum noch jemand befindet! Gesetze gelten immer nur für eine Gruppe, sie sind zeitlich und räumlich begrenzt. Deshalb ist das Wort Gebot auch mit dem Wort Gebiet verwandt. Deshalb sprechen auch viele gerne von *dieser* Welt - immer voraussetzend, daß es auch eine andere gibt, in der laut Vorstellung wiederum alles anders läuft. In dieser Welt aber gelte dies Gesetz. Wenn man sich aber - vielleicht nur in der Phantasie - über die Grenze dieses Wirkungsbereiches begibt, verlieren die Regeln nicht nur ihre Bannkraft, sie werden auch komisch; plötzlich werden aus möglichen Wahrheiten Binsenweisheiten.

Die zehn Gebote des Kleinbürgers

1. Vor dem Waschen farbige Jeans *immer* auf links drehen und den Reißverschluß zumachen! Jede Hosentasche *gründlich* nach Tempotaschentüchern durchsuchen!
2. Beim Frühstück den Quark immer *auf* die Marmelade schmieren - *nie* umgekehrt!
3. *Nicht* Onanieren! Das hilft gegen Rückgratprobleme.
4. Niemals bei Rot über die Straße gehen - vor allen Dingen nicht nachts. Der Kinder wegen!
5. Zähneputzen *immer* in kreisenden Bewegungen - *niemals* auf & ab!
6. In der Sauna *stets* dran denken: Kein Schweiß aufs Holz!
7. Bei beschichteten Pfannen *niemals* metallische Schaber benutzen!

8. Die Frau sitzt *grundsätzlich* rechts vom Herrn!
9. Am Wochenende draußen nur Kännchen!
10. Prüfe Dich selbst, insbesondere, wenn Du weit fort bist von Zuhause: Sind die Fenster auch bestimmt geschlossen und ist der Ofen auch wirklich aus?

Laut Duden ist Moral immer »Regel gewordener Wille«. Ich wehre mich ja auch nur gegen Sitten, die ich nicht gewollt habe. Und gegen die Befolgung von Regeln, die gar nicht für mich gemacht wurden. Ich stelle mich gerne außerhalb der Grenze, bin solidarisch mit denen, die nicht verstehen, die nicht dazugehören. Und ich wehre mich, gegen Zugehörigkeitsapostel. Ich verweigere den Anspruch der Kirche, des Kirchentages, der Bibel, der Gebote. So ohne weiteres lasse ich mir nichts erzählen. Nichts und niemand hat Anspruch auf mein Leben. Ansprücheklopfer schlagen bei mir glatt auf und haben mit dem ersten Satz bereits verloren.

Folglich bin ich nicht. Folglich bin ich nicht dazugehörig. Ungehörig, sozusagen. Nicht hörig, sozusagen. Ich verweigere das eben nur selbst Verständliche, das eben nur allgemein Gültige. Ich lockere gerne mal die Sitten - denn das Wort Sitte ist mit dem Wort Seil verwandt. So gesehen, werde ich gern entbunden. Auch, wenn Geburten schmerzen.

Ich verweigere. Denn Moral ist stets die Moral einer Truppe. Und ich bin schließlich kein Offizier der Heilsarmee. Wenngleich ich öfter von Christen unterschiedlichen Ranges gemustert wurde. Ich bin nicht bereit, Dinge zu tun, nur weil sie alle tun; anderes zu lassen, weil man es eben läßt. Ich will nicht mitmachen, nicht mitlassen. Ich will selber. Selber 'ran. Selber machen. Auch Fehler. Ich will nicht unschuldig sein. Ich will schließlich auch erlöst werden können. Ich will selber. Ich will über mein Leben mehr sagen können als: Man macht was mit. Dies ist das Ende der Bibelarbeit.

9. Eine mögliche Freiheit

Gesetze gelten immer nur für eine Gruppe, sie sind zeitlich und räumlich begrenzt. Deshalb sprechen auch viele von der Stellung, die sie haben; das räumliche Denken hat große Bedeutung für uns. Man spricht vom Sitz im Leben, vom Platz, an den mich Gott gestellt hat.

Was aber nützt einem dieser Ort, wenn man dort vergessen wurde? Warum verlassen wir nicht dann und wann unsere Stammplätze? Einfach nur so - um nicht für tot gehalten werden zu können? Für eine Immobilie?

Wir sind doch viel freier, als wir glauben. Warum nur, frage ich mich, wollen wir immer alles sicher wissen, alles werten? Wovor wollen wir uns schützen? Warum wollen wir unsere Freiheit sichern? Sind Gebote alles, was aus der Befreiung aus der Knechtschaft resultiert?

Geboten ist normalerweise nur Vorsicht. Aber läßt sich Freiheit sichern? Ist auch die Freiheit relativ? Begrenzt? Hat die Theologin Recht, die in ihrem Text zum Text vom »Terrain der Freiheit« spricht? Ist nicht vielmehr Freiheit, die nicht für alle gilt, keine?

Antwort: Ein eindeutiges Vielleicht. Denn: Auch Freiheit gilt nicht absolut. Ich habe heute morgen mehrfach die Grenze aufgezeigt; mir die Freiheit genommen zu sagen, ab wo ich nicht mehr mitmache. Aber ich habe weitergemacht. Ich weiß nämlich auch, daß sich der Sinn von Ordnungen nicht dadurch erschließt, daß man über sie nachdenkt. Das meiste im Leben macht nur dadurch Sinn, daß man eben das macht. Und nicht das andere. Das läßt man. Dadurch und nur dadurch entsteht ein Sinn-Gefühl: Durch Ausschluß.

So gehe ich denn auch nicht über die letzte Grenze; wähle nicht den Frei-Tod. Schließe mich nicht aus. Sondern mache weiter.

Aber ich weiß um die Grenze. Stelle mir vieles vielleicht nur anders vor, realisiere es womöglich nur in der Phantasie. Wenigstens was. Aber: Auch ich habe weitergemacht. Auch ich mache weiter. Einfach so. Denn wir sind oftmals gefangener, als wir glauben.

Aber schön finde ich das nicht. Und deshalb beende ich die Bibelarbeit.

10. Ein möglicher Ausweg oder: Die Wahl der Qual

doch
einfach so
sind wir freier
als wir glauben
einfach so
sind wir gefangener
als wir wollen
einfach so
sind wir da
einfach vorhanden

aber immerhin
nur einfach

das muß gefeiert werden
mit all den anderen
die auch einfach nur so da sind
einfach wie sie sind

laßt uns ausgehen
aus unseren gewohnten räumen
aus unseren denkkabinen
unseren glaubenszirkeln
aus unseren willenskerkern

wir können ja zurückkehren
wenn es draußen dunkelt

wir sind keine gefangenen
wir sind aber auch nicht frei

freigänger sind wir
auf bewährung draußen

nicht mehr
und nicht weniger

einfach so einfach
und doch so schwer

nein
wir sind nicht am ende
wir sind erst am anfang

Wolfram Behmenburg (Klüngelbeutel)

Erwin und die Gebote

Es begab sich aber im 17. Jahr des Potiphar Ramses von Syrisch-Gelsenkirchen, daß die Gebote ausgingen. Da war das Gejammere groß, wie Ihr Euch denken könnt. Denn irgendwoher mußte man ja jetzt neue kriegen.

Da sprach der Sohn der Prophetin Erwin: Siehe, das soll euch ein Zeichen sein. Da war die Verblüffung groß in allen Städten östlich von Syrisch-Gelsenkirchen. In allen Städten westlich von Syrisch-Gelsenkirchen aber war die Verblüffung nicht so groß.

Ein Psalm Erwins

Wohl dem, der seine Gebote beisammenhält,
daß sie ihm nicht unterwegs auf die Straße fallen
und schmutzig werden.
Sein Lohn soll groß sein unter den weisen Witwen
bis ins dritte und vierte Glied.
Denn also haben die Väter auch getan,
und es hat sie nicht gewurmt.
So will ich denn hingehen
und alle Tage meine Hand hochhalten,
daß sie mir nicht etwa heruntersinkt
und die Gebote herausfallen. Sela.

Gesicht über die Rotte Erwin

Und ich sah einen Mann, der immer nur dummes Zeug
aufs Papier kritzelte.
Seine Augen waren wie die Augen eines Unholds
und seine Hände böse wie die Kühlschranktür
von Else Schmidt.
Da kam ein Wort zu mir geschlichen: Es wird höchste Zeit,
Jüngelchen, daß mal einer ein ernstes Wort mit dir redet!
Ich aber sprach: Wehmir, Wehmir! Wort des Emir,
weiche wückwärts! Wuselfux!
Da war das Gesicht auf einmal zu Ende,
und ich sah nur wieder das Testbild.
Da hatte ich ja noch mal Glück gehabt.

Okko Herlyn

Man kann so viel tun

Weißt du, wenn ich das immer so höre: innere Leere, Sinnkrise, no future, die neue Orientierungslosigkeit ...

Ich will dir mal was sagen: Es gibt so vieles, was man tun kann.

Marion z. B. macht jetzt einen Crash-Kurs in Mittelhocharkadisch.

Horst-Rüdiger geht seit Weihnachten zweimal wöchentlich zum Suhlen im eigenen Dreck.

Vanessa hat den Selbsterfahrungs-Workshop »Häkeln gegen ödipale Wut« gebucht.

Hendrik beginnt gerade, Hermann Löns neu für sich zu entdecken.

Erdmuthe schwört, seit sie in Berlin war, auf Lasagne aus freikriechenden Mehlwürmern.

Sören und Cordelia sammeln Unterschriften für die Aktion »Augen auf beim Partnerwechsel«.

Ester-Janine trommelt auf Original-Müll aus Mexiko, um etwas für den Klimaschutz zu tun.

Thorsten gräbt anderen eine Grube, um selbst bewußter hineinfallen zu können.

Veronika hat einen für sie wichtigen Zusammenhang zwischen Strümpfestopfen und Selbstbefreiung wahrgenommen.

Robert wendet sich erbittert gegen die stereotype Diskriminierung der Ersatzbefriedigung.

Thekla meditiert gelegentlich bei Halogenlampen und Straßengeräusch.

Petra und Ingo trainieren das Ja-Sagen zu ihren schlechten Angewohnheiten.

Katharina hat jetzt angefangen zu malen.

Dankwart schreibt.

Nana sitzt an einer Dissertation über postmoderne Sakralismen in der Eingangshallenarchitektur der Deutschen Bundespost.

Marcel und Jessica sammeln ausgediente Paternoster und restaurieren sie liebevoll. Vielleicht wird irgendwann ein kleines Museum draus, mal sehen.

Klaus-Dieter hat in Nullkommanichts einen Konvoi mit Hilfslieferungen organisiert. Wohin steht noch nicht fest.

Also: Man kann so unendlich viel tun. Erzähl mir doch bitte keiner was von Sinnkrise und innerer Leere.

ZUM 1. GEBOT

Jürgen Erdmann (LUTHERRATTEN)

Exodus 1990

Schulklasse; zwei Fußbänkchen und dahinter zwei Stühle für die Schüler. Schüler unterhalten sich lärmend wie auf einem Schulhof. Ein Schüler hängt ein überdimensional großes Honecker-Porträt von der Wand. Lehrer betritt die Klasse. Schüler setzen sich augenblicklich.

Lehrer: *(betritt die Klasse; sieht seine Schüler lächelnd an)*
Schüler: *(stehen stramm, grüßen militärisch)*
Lehrer: *(freundlich-irritiert)* Guten Morgen! Ich bin Ihre neue Lehrkraft! Wie Sie ja wissen, haben wir jetzt Religion!
Schüler: *(erheben sich erneut militärisch, brüllend)* Jawoll, Herr Lehrkraft!
Lehrer: Es hat sich ja nun viel geändert für Sie.
1. Schüler: Ja früher, da kannte man vom Werbefernsehen, was man so alles braucht ...

Lehrer: Aber dazu reichten die Löhne wohl nicht.
2.Schüler: Jetzt haben wir selbst, was man alles nicht braucht.
3. Schüler: Aber dazu reicht die Arbeitslosenhilfe leider auch nicht.
4. Schüler: Seid doch mal still. Wir haben doch jetzt Religion. Das hat doch nichts mit dem irdischen Leben zu tun!!
Lehrer: Heute wollen wir über das Alte Testament sprechen. Kennt sich jemand von euch darin ein wenig aus?
1. Schüler: Der 2. Schüler bestimmt. Der hat doch für die Stasi staatsfeindliche Literatur gesammelt.
Lehrer: Hast du wirklich zu Hause eine Bibel?
2. Schüler: 850 Stück! Ham wer früher den Wessis an der Grenze abgenommen wegen Friedensfeindlichkeit.
Lehrer: Und was machst du jetzt mit den Bibeln?
2. Schüler: Na, verklopp ich an eine Gemeinde, kauf mir nen gebrauchten Golf GTI dafür und bewerb mich beim Evangeliumsrundfunk!
Lehrer: Jetzt wollen wir aber mal anfangen. Der zweite Schüler kann ruhig mal ein paar Bibeln springen lassen, für 845 Bibeln kriegst du ja immer noch 5 neue Trabbis, da können wir alle mit zum Kirchentag nach Hamburg fahren!
4. Schüler: Hurra! »Es ist dir gesagt, Mensch, was gut ist.«
Lehrer: Heute wollen wir uns mit dem zweiten Buch Mose beschäftigen. Wer weiß, wie man das nennt?
1. Schüler: Der Exitus!
Lehrer: Falsch. Der Exodus. Wir sprechen vom alten Israel und nicht von der alten DDR. Ihr wißt doch, daß die Israeliten aus Ägypten geflohen sind und viele Jahre unterwegs waren, bis sie endlich ins gelobte Land kamen. Wißt ihr auch wie lange? (*Pause.*) 40 Jahre!
3. Schüler: Det kommt mir bekannt vor!

1. Schüler: Ick denke, wir reden *nicht* über die DDR?!

4. Schüler: 40 Jahre? So lange? Wie weit ist es denn von Ägypten bis Palästina?

Lehrer: Na ja, von Kairo bis Jerusalem sind es so ungefähr 700 Kilometer.

2. Schüler: 700 km in 40 Jahren?

3. Schüler: Das wären 1 km in 21 Tagen.

1. Schüler: Oder 1000 Meter in 504 Stunden.

3. Schüler: Oder ein Meter in zwei Stunden.

2. Schüler: Sind Sie sicher, daß Ihre Angaben nicht aus dem Biologiebuch stammen und sich auf Schnecken beziehen?

4. Schüler: Die sind wohl mit der Deutschen Reichsbahn gefahren!

Lehrer: *(Ironie nicht bemerkend)* Ich bitte Sie. Das gehört doch gar nicht hierhin. Wir haben jetzt Religion und nicht Politik!

4. Schüler: *(aufgeregt)* Doch, stand auf einem Spruchband bei den Demonstrationen in Leipzig: »Helmut, nimm uns bei der Hand, führ uns ins gelobte Land!«

Lehrer: Aber das kann man doch so nicht vergleichen!

Alle: *(geisterhaft)* Wieso denn nicht?

Lehrer: Wir wenden uns jetzt erst einmal dem biblischen Text zu. Da heißt es nun in 2. Mose 16, Vers 9 – Sie da, lesen Sie mal bitte!

1. Schüler: »Kommt herbei vor dem Herrn, denn er hat euer Murren gehört.«

Alle: *(stehen protestierend auf)* Wieso nicht vergleichen?

Lehrer: *(in den Lärm, lauter)* Das war doch eine ganz andere Vereinigung. Da traf der Hunger der Israeliten auf ein Land, wo Milch und Honig fließt.

3. Schüler: *(streberhaft)* Bei uns vereinigen sich die Gehälter der DDR mit den Preisen der BRD!

Lehrer: Das interessiert uns doch jetzt nicht!

2. Schüler: *(gedehnt)* 700 Mark Gehalt und 800 Mark Miete macht einhundert Mark Begrüßungsgeld!
4. Schüler: Ja, ja - die Vereinigung hielt sich in Grenzen!
2. Schüler: *(besserwisserisch)* Die Wiedervereinigung kam zu schnell!
1. Schüler: Unsinn: Rechne mal selbst: Von der Öffnung der Mauer bis zur Wiedervereinigung waren es knapp 11 Monate. Und von Berlin bis Bonn sind es auch 700 km.
4. Schüler: 700 km in 240 Tagen sind 1 km in 8 Stunden.
3. Schüler: Oder 1 Meter in einer halben Minute!
1. Schüler: Kohl war schneller als Moses!
2. Schüler: *(pampig und etwas angewidert)* Bei dem Tempo wäre der Sonderzug mit den Flüchtlingen aus der Prager Botschaft jetzt gerade in Pilsen angekommen.
4. Schüler: Prost Großdeutschland!
3. Schüler: Alles, was ein Ossi braucht!
1. Schüler: *(versonnen)* Jaja, das ist alles, was ein Wessi nicht mehr brauchen kann ...

Lehrer: Fangen wir noch mal ganz von vorne an: Was hattet ihr denn früher bei meinem Vorgänger?
2. Schüler: Wissenschaftlichen Sozialismus!

Lehrer: Und ihr wißt, welches Fach jetzt an seine Stelle getreten ist, jetzt, wo Deutschland eine geeinte Nation ist?
3. Schüler: Der Nationalsozialismus!

Lehrer: Sei nicht albern. Frage ich noch anders: Was habt ihr 40 Jahre lang ertragen müssen?
4. Schüler: Den Aufbau des Sozialismus.

Lehrer: Und was hat euch die Einheit gebracht?
2. Schüler: Den Sozialabbau!

Lehrer: *(schreckt leicht aus seiner Versonnenheit hoch)* Hm, ja also ... Nach 40 Jahren ohne Religionsunterricht betreten wir mit der Bibel natürlich hier Neuland. Was ist denn das Kernstück des christlichen Glaubens?

2. Schüler: Nie wieder Sozialismus!

Lehrer: Fangen wir noch mal ganz anders an: Ihr habt ja nun fast alle eine Partei gewählt, die ein »C« in ihrem Namen trägt. Worauf deutet das denn hin?

Schüler *(durcheinander)* Chemie; Chemnitz; Cholera; Charakterlos ...

Lehrer: *(genervt)* Wer ist im Himmel und schaut auf uns herab: Freundlich den Guten gesonnen, zürnend den Bösen?

3. Schüler: Franz Josef Strauß!

Lehrer: Um Himmels Willen.- Nennt mir doch einmal andere Abkürzungen, in denen ein »C« vorkommt.

2. Schüler: FCKW!

Lehrer: Na, gut. Und was heißt hier »C«?

1. Schüler: Vielleicht »christlich«?

Lehrer: Sehr gläubig bemerkt. Was heißt denn FCKW?

4. Schüler: Für Kohls christliche Wende.

Lehrer: Das würde erklären, warum die Bundesregierung so lange gezögert hat, das FCKW verbieten zu lassen.

1. Schüler: Vieleicht sahen sie das Ozonloch als Möglichkeit besserer Jenseitsbeziehungen?

3. Schüler: Was heißt FCKW denn nun richtig?

Lehrer: Fluor-Chlor-Kohlen-Wasserstoff. »C« heißt also nicht christlich, sondern Chlor wie Chemie.

2. Schüler: C-D-U - Chloroformier Deine Untertanen!

3. Schüler: Chemotherapie Deutscher Unternehmer!

Lehrer: Bitte! Gewiß - Chemotherapie ist die Heilkunst durch Chemie - also die Kunst, sich durch Chemie gesundzustoßen - pardon zu gesunden.

1. Schüler: Der Kanzler schwört ja auch in seinem Eid, Schaden abzuwenden und seinen Nutzen zu mehren ...

Lehrer: Aber »C« steht natürlich für christlich. Was heißt dann CDU?

4. Schüler: Christen danken Unternehmern!

Hermann Leder

Einfach engelhaft

Ostengel (O): Wer bis'n du?
Westengel (W): Ich bin ein Engel! *(mustert O)* - und du?
O: Auch'n Engel.
(Pause)
W: Ich bin ein Engel vom Westportal! - Und du?
O: Ich bin ein Engel vom Ostportal! - *(staunend)* Also ein Westengel!
W: Kurz: ein *Wengl* - *(mustert O)* also ein Ostengel!
O: Na ja, kurz ein *Ongel.*
W: Zusammen sind wir zwei Engel.
O: Gesamtdeutsch: *ein Zwengel!*
(Pause)
W: Hast'n Spitznamen?
O: *(schüchtern)* Rotkehlchen.- Und du?
W: (selbstbewußt) Kohlmeise!
(Pause)
O: Bei wem stehst'n du?
W: Bei den klugen Jungfrauen - Paradiespforte - ganz rechts - und du?
O: (schüchtern) So ziemlich allein - beim Jüngsten Gericht - etwas links! *(Macht eine Pause)*
O: Deine Befindlichkeit?
W: Was meinste denn damit?
O: Dein Zustand!
W: Bestens gepflegt! - Total saniert! - Und du?
O: Ganz schön verwittert - angekratzte Substanz - na, wegen der vielen Einflüsse.

W: Kein Problem!
O: Keins?
W: Laß dich doch durch 'ne Kopie ersetzen - das ist auf Dauer billiger!
O: Nee! *(grinsend)* Lieber fast schon ohne Fassung - aber noch original!
(Pause)
W: Bist du schon überprüft worden?
O: Von der Denkmalpflege?
W: Nee, von Gauck!
O: Warum?
W: Na, ob du hier weiter stehen darfst - oder nicht! - Haste Kontakt gehabt?!
O: Mit wem? - Was weiß ich, wer mich alles angeguckt hat.
W: Also doch: blickkontaktverdächtig!
O: Also - ich bleib hier stehen!
W: Das hat schon mancher gesagt - und dann war er weg!
O: Abgesetzt?
W: Nee - geklaut!
O: *(verlegen lächelnd)* Du Schalk!
(Pause)
W: Ich kann schon sehr hoch fliegen.
O: Ich übe immer noch das »Rausfliegen«.
W: Schon Segelkurs gemacht?
O: Stufe 1 - bergab! - Und du?
W: *(stolz)* Stufe 5 - höchste Sphären!
(Pause)
W: Hast'n Lieblingschoral?
O: Verzage nicht, du Häuflein klein.- Und du?
W: Breit aus die Arme beide!
O: ... die Flügel!
W: Ja, die auch!
(Pause)

W: Wie bist'n Engel geworden?
O: Auferstanden aus Ruinen.- Und du?
W: Kaum noch Erinnerung daran.- Habe Vergangenheit schon längst bewältigt!
(Pause)
W: Quo vadis?
O: (naiv) Ja!
W: Quo ...
O: Vatis.
W: Nein, das hat doch nichts mit der Quotenregelung für Vatis zu tun! *(belehrend)* Das ist Latein!
O: Quo ... was?
W: Na, Zukunft!
O: Ich hoffe!
W: (*musternd*) Wird natürlich von der Restaurierung abhängen!
O: ... und du?
W: Was?
O: Zukunft?
W: *(selbstbewußt)* Total!
(kurze Pause)
O: Hoffen ...?
W: Frohlocken!
(Pause)
W: (mustert O) Also, wenn ich dich so betrachte, bin ich doch für den Denkmalschutz!
O: Aber wenn ich uns so betrachte, bin ich mehr für den *denk* mal - Schutz!
(kurze Pause)
W: Na ja, schließlich stehen wir doch alle unter dem gleichen Himmel!
O: Haben aber immer noch nicht den gleichen Horizont!

Okko Herlyn

Niederrheinische Gottheit mit zwei Buchstaben

Wer die endlose Untertasse des Landes zwischen Issel und Nette in kindlicher Empfindsamkeit betritt, wird alsbald von einer höheren Macht heimgesucht, deren Allgegenwart, Allwissenheit und Allgewalt er sich unmöglich entziehen kann. Delphisch und wolkenschwer hockt dieses dunkle Numinosum über Wohnstuben und Pommesbuden, beherrscht Kantinengefechte und Kegeldebatten, fordert schrankenlose Unterwerfung aller Gedanken, Worte und Werke. Wer seinem unverweslichen Wesen die demutsvolle Anerkennung verweigert, hat auf ewig sein Recht, sich unangefochten im Irdischen aufzuhalten, verwirkt. Es geht um die große niederrheinische Gottheit mit zwei Buchstaben, es geht um »Se«, um jene transzendente Größe, die sich unserer bemächtigt, noch ehe wir uns auch nur ein erstes Päuschen im Hiesigen vergönnen. »Se« – laßt uns für einen Moment dem Faszinosum dieses zauberischen Namens nachhorchen.

Sachten »Se« gestern abend noch im Fernsehen oder schrieben »Se« heute morgen inne Bild. Standen »Se« kürzlich mit der Kamera anne B 58 oder ham »Se« noch neulich einen bei erwischt. Dat Werk ham »Se« getz endgültig dicht gemacht, und außerdem machen »Se« sowieso, wat »Se« wollen, da kannze dich drauf verlassen. Bis Ende 95 wolln »Se« damit ja fertig sein, und wenne dich beeilst, kannze »Se« von hier aus sehen. Übrigens sind »Se« da schon seit Jahren dran am machen, und wenne dich nicht vorsiehst, sind »Se« da noch übernächste Woche dran. Wiederholn »Se« übrigens nächsten Monat nochmal im Dritten. Getz sachten »Se« noch, dat läg alles nur an der Jahreszeit und dat »Se« da getz son neues Herzmittel erfunden hätten, krichtesse aber bis getz nur in Amerika. Son Ende ham »Se« mir da außem Darm geschnitten, und dann sagen »Se« dir am Ende doch nich, watte has. Alles, wat so lecker, dat tun »Se« eim verbieten.

So singt man rheinauf lippeab das tägliche Magnifikat auf jene geheimnisvolle Macht, die alles weiß und alles sieht und alles kann: »Se«, die Quelle aller Offenbarung für alles, was da an Kenntnis und Kunde lebt und webt oben unter dem diesigen Himmel und unten auf der krummen Erde und im schwarzen Wasser unter der Seele. »Bete sie nicht an und diene ihnen nicht!« Die Wucht dieses Verdikts hat jedenfalls unser kleines niederrheinisches Heidentum bislang noch nicht erschüttert. Hier regiert seit alters »Se«, die zweibuchstabige Gottheit des Grenzenvollen, mit allmächtiger Hand. Ehrlich, sachten »Se« letztens noch in *Wünsch dir was.*

Herbert Knebel

Aberglaube

Boh glaubse, weiße wo ich auch keine Antenne für überhab? Wo mir jegliche Verständniskeit für fehlt? Dat sind diese Maskotchen. Also gez eigentlich nich selbs diese Maskotchen, sondern die Halter von die, diese Abergläubiger.

Ich weiß auch nich, ich hab wirklich den Eindruck, dat dat inne letzte Zeit immer mehr am zunehmen is. Wahrscheinlich hängt dat mit diese turbulente Zeiten zusammen, in die wir gerade dummerweise am stecken sind, dat sich die Leute irgendwat besorgen, wo se einen Halt dran finden können.

Z.B. der 1. FC Köln. Also ohne dat ich die Elf gez ein an die ihren Pfosten kacken will, aber dat wat da aufn Rasen passiert sieht doch mehr so aus wie leichte Gartenarbeit als wie Fußball. Ja, und gerade deswegen klammern die sich alle an ihr Maskotchen, ihren Geißbock. Aber wenne mich frags, die Ziege is doch längs verpufft in ihre Wirkung. Die hat doch gar keine Ausstrahlung mehr auf die Kicker. Die sollen sich ma n neuen Glücksbringer zulegen, n Trecker vielleicht, der den Verein aus der Scheiße zieht.

Oder anderes Beispiel: Die ganzen betrogenen Ehefrauen, die von ihre Kerls ma eben durch ein junges Flittchen ausgewechselt werden. Ja, die benutzen dann als Talismann z.B. son Steiftier und versuchen damit in den einsamen Stunden Trost zu finden. Da sollten die ma lieber nach son Schornsteinfeger greifen. Der bringt doch auch Glück.

Ne, aber woe hinkucks, siehse diesen Aberglaube verbreitet, im Kaffeesatz, im Horoskop, im Lotto oder sogar inne Religion. Also dies Kruzifix, dat is doch praktisch auch son Maskotchen oder die heiligen Rinder in Indien, wat solln die denn sagen? Die will keiner essen, nur weil se die da vor Ort zum Maskotchen ernannt haben.

Also ich persönlich glaub an diesen ganzen faulen Zauber nich. Dat is doch alles Spuck. Als wenn son Schwein, wat unter ner Leiter herläuft, Schicksal beeinflussen könnte oder 6 Richtige im Lotto. Also wenn auf mich son Freitag der 13te zukommt, weiße wat ich dann mach? Da steh ich ersma kackfrech mim linken Fuß auf. Den provenzier ich förmlich, den Freitag. Und dann stell ich meine Aluleiter auf und lauf da ständig drunter her, und als Höhepunkt leih ich mir bei mein Nachbar, den Paul Menke, den sein Kater Mikesch aus und kreuz dann vorsätzlich den seine Wege. Und weiße wat dann passiert? Soll ich Sie dat ma sagen? Gar nix.

Wahrscheinlich. Teuteuteu!

Bedenke, Mensch:
Der Herr schickte dich nackt auf diese Welt und ...

N8chtschicht

**So müssen Sie aber nicht wieder gehn.
Gehn Sie mit – Gott, Hugo Gott!
Der Herr – die Mode,
designt bei Hugo Gott.**

Hugo Gott

Die deutschen Kirchen: Aus Erfahrung Gott!

ZUM 5. GEBOT

Bruno Schollenbruch

Neunzehnhundertachtundsechzig

In den ersten Januartagen 1968 wachte ich mit so einem Ballon auf. Ich fühlte mich so, als hätte ich einen Fußball im Kopf, den irgendein Sadist langsam aber genüßlich aufpumpt. Sadisten gab es in meiner Umgebung genug. Ich war bei der Bundeswehr und hatte grade die Grundausbildung überlebt. Glück gehabt: Der Schleifer von Nagold praktizierte 100 km weiter westlich. Aufgrund meines renitenten Verhaltens sollte ich von der Donau zur Nordsee versetzt werden, zu einer Panzergrenadierkompanie bei Cuxhaven. Eigentlich wollte ich nur nach Essen, aber die Bundeswehr hatte wie immer weit über das Ziel hinausgeschossen. Trotzdem hatten wir Abschied gefeiert. Ich muß meine Schallgrenze von zwei Flaschen Bier leicht durchbrochen haben.

Für meine Versetzung gabe es zwei Gründe: Erstens hatte ich diverse Satiren über Ausbilder geschrieben. Der öffentliche Vortrag hatte damals noch direkte politische Wirkung.

Und zweitens sah ich beim Exerzieren auf dem Kaserenenhof nie ein, warum ich mich genauso bewegen sollte wie alle anderen.

Gleichschritt war mir damals genauso ein Greuel wie Gleichmacherei. Beim Gewehr-Auf- und -Abnehmen in drei Zeiten ließ ich den Kolben immer zwei Sekunden zu spät auf den Boden knallen.

Dann kam das Übliche: »Schollenbruch, Sprung auf, marsch, marsch!« Ich rannte über den Kasernenhof bis zum Befehl »Stillgestanden«, den ich immer mit einem dreifachen Rittberger quittierte. Meine große Stunde kam immer draußen im Gelände. Beim Robben im Matsch zerschlug ich regelmäßig meine Brille mit dem Gewehrkolben. Ich war dann ein paar Tage innendienstkrank – wie das so schön hieß –, anschließend durfte ich immer einen Tag Sonderurlaub beim Optiker in Kempten machen.

Das Spielchen ging so lange gut, bis ich auf Befehl des Kompaniechefs Tag und Nacht die unzerbrechliche Gasmaskenbrille tragen mußte.

Am 12. April 1968, einen Tag nach dem Attentat auf Rudi Dutschke, waren überall Demonstrationen angesagt. In Berlin brannten die Auslieferungswagen der Bildzeitung. Die Molotowcocktails hatte peinlicherweise ein V-Mann des Innensenators besorgt. Unser Bataillonskommandeur befürchtete, daß örtliche Gruppen vor dem Kasernentor protestieren könnten. Wir hatten Alarmbereitschaft und Ausgangsverbot. Wie jeden Tag exerzierten wir wieder mit dem Gewehr.

Doch dann kam was Ausgefallenes: Die Ausbilder simulierten Demonstranten, hakten sich unter und kamen mit wilden Parolen wie »Ho, Ho, Ho Tschih-minh!« auf uns zu.

Und wir mußten sie mit dem Gewehrkolben zum Kasernentor hinausdrängen. Drei Tage später reichte ich mit vier

Freunden den Antrag auf Wehrdienstverweigerung ein.

Im Gegensatz zu meiner Methode des Kleinkriegs hatte sich Freund Albrecht systematisch auf seine Einberufung zur Bundeswehr vorbereitet. Vier Semester Jura, Spezialgebiet Wehrrecht. Als er eingezogen wurde, schnellten in seiner Kaserne die Beschwerden der Rekruten um ein Vielfaches in die Höhe. Viele verweigerten den Wehrdienst. Albrecht wurde permanent von einer Kaserne in die nächste versetzt.

Um ihn zu schikanieren, brüllte eines Tages einer seiner Kompanieführer beim Morgenappell: »Albrecht! Vortreten! Machen Sie mal einen anständigen soldatischen Gruß!«

Albrecht trat drei Schritte vor, knallte die Hacken zusammen und reckte die rechte Faust in die Luft.

»Sind Sie wahnsinnig, Mann? Soll das ein soldatischer Gruß sein?«

»Jawohl, Herr Hauptmann. Laut Soldatengesetz ist der soldatische Gruß ein Ausdruck für die innere Haltung des Soldaten. Ich bin Sozialist, also kann mein soldatischer Gruß nur so aussehen!«

Albrecht wurde wieder und wieder versetzt, von mehreren Bundeswehrpsychologen untersucht und dann frühzeitig entlassen.

Die schriftliche Begründung: Pathologisches Gerechtigkeitsbedürfnis!

Martin Funda

Tageslosung

Ich lese die Losung des heutigen Tages. Sie ist zu finden bei Audi 80 in der 7er Reihe:

Und nach all den Jahren des Krieges und der Rezession wollte das Geld Adams Opferbereitschaft und Leistungswillen prüfen. Und das Wort des Geldes erging an Adam:

»Adam, baue Autos, nimm Kleingetier, Hase und Igel, Kröte und Salamander, und opfere es mir!«

Und Adam schlug Holz, fällte Bäume, trocknete Wiesen und füllte Täler und bereitete alles für das Opfer vor. Und er nahm alles Kleingetier, Hase und Igel, Kröte und Salamander und opferte es vor dem Auto auf der Straße.

Und wiederum erging das Wort des Geldes an Adam:

»Adam, baue größere und schnellere Autos und nimm auch Vögel und Rehe und Widder und opfere es mir!«

Und Adam verbesserte die Motoren, erhöhte die Leistung und steigerte die Geschwindigkeit. Und er nahm Vögel und Rehe und Widder und opferte sie vor dem Auto auf der Straße.

Und wiederum erging das Wort des Geldes an Adam:

»Adam, gedenke meiner Treue dir gegenüber! Habe ich nicht von Anbeginn der Republik sicheres Einkommen und steigenden Lebensstandard garantiert? So nimm nun deine Kinder, das einzige Lebendige, das du hast, und opfere es mir!«

Und Adam baute Autobahnen und Tangenten, Durchgangsstraßen und Parkhäuser, und er weihte seine neuen Städte ganz dem Auto.

Zum 5. Gebot

Und er betrachtete seine Kinder, wie sie Ball spielten und Rad fuhren, wie sie ohne Arg herumtollten und um die Wette rannten, und es wurde ihm schwer ums Herz. Und seine Augen suchten, ob nicht ein gelber Engel einen Widder zeigen möchte, dessen Hörner sich im Gebüsch verfangen hätten.

Aber es gab kein Gebüsch mehr und keinen Widder und er hatte nichts mehr zu opfern als sich selbst.

ZUM 6. GEBOT

Bruno Schollenbruch

Szenen einer Ehe

TEIL I: AM ANFANG WAR DAS WORT

Du Petra, weißt du.
Das muß ich jetzt unbedingt mal rauslassen.
Ich find das toll, unheimlich spitze.
Wovon ich überhaupt rede?
Na? Wir zwei beide. Einfach Wahnsinn!
So was Harmonisches, sowas Ausgeglichenes,
ohne jeden Streit, einfach toll.
Guck mal.
Wenn du ins Kino willst, will ich auch ins Kino.
Wenn ich dich auf der Arbeit anrufen will, ist gerade besetzt,
weil du gleichzeitig meine Nummer gewählt hast.
Absolute Gedankenübertragung, totale Harmonie.
Und abends beim »Mensch ärgere dich nicht«-Spielen:

Mal gewinnst du, mal gewinn ich.
Ich kenn kein Paar, das so ausgeglichen ist wie wir.
Einfach toll, einfach klasse.
Aber weißt du? Ich muß dir unbedingt mal was sagen.
Ich weiß gar nicht, wie ich anfangen soll.
Hab ich ja schon alles ausgepackt.
Die ganzen Beziehungskisten, die ich gestapelt habe,
die ganzen Stories.
Gott ach Gott.
Aber diesmal, du diesmal
mache ich alles total anders.
Da kannst du Gift drauf nehmen, total anders.
Immer alles rauslassen! Nichts mehr runterschlucken!
Toleranz. Offenheit, Vertrauen.
Und paß mal auf. Also. Nur mal angenommen.
Wenn du mal jemanden kennenlernst, nur mal angenommen,
oder wenn ich jemanden kennenlerne, rein theoretisch,
ist ja möglich, kann ja mal passieren.
Also, glasklar, da laufen bei mir keine Eifersuchtskisten ab.
Nicht so wie gestern Carmen: Mit dem Küchenmesser.
Absolut keine Eifersuchtskisten.
Ist doch 'ne total normale Sache.
Kann doch jeden Tag mal passieren.
Okay. Tschüss bis nachher, geh ruhig auf eure Betriebsfete.
Amüsier dich gut!

TEIL II: »NIGHT OF FEAR«

Endlich mal wieder einen Abend für mich.
Ich wollte sowieso mal wieder in Ruhe Gitarre spielen.
Ach, Drafi! Du hast das damals schon gewußt. In den 60ern.

Du hast in deinen Texten die Abgründe
des menschlichen Seins ausgelotet.
Aber ich hab immer nur auf deine Musik gehört.
Und den philosophischen Tiefgang deiner Lyrik
hab ich einfach nicht gecheckt.
Die Message ist einfach nicht zu mir rübergekommen.

Weine nicht, wenn der Regen fällt, dam, dam, dam, dam.
Es gibt einen, der dich trockenhält, dam, dam, dam, dam.
Marmor, Stein und Eisen bricht,
aber unsere Liebe nicht.
Alles, alles geht vorbei,
doch wir sind uns tttttttttt.
Nimm den goldenen Ring von mir, dam, dam, dam, dam.
Bist du einsam, dann sagt er dir: Dumm, dumm, dumm, dumm.
Refrain:
...
Doch wir sind uns ...

Ein Uhr, zwei Uhr, drei Uhr, vier Uhr.
Wenn ich dann im Hochbett auf und abgehe.
Fünf Uhr, sechs Uhr, sieben Uhr, acht Uhr.

Teil III: Gleichgewicht des Schreckens

Hallo! Guten Morgen!
Na? Wie war eure Fete? Wieder die ganze Nacht durchgeschwooft? Hab ich auch immer gemacht, damals im Studentenwohnheim, 71, bis in die Puppen gerockt, sieben Stunden an einem Stück! Auf »In a gadda da vida« und »John Lee Hooker« von Johnny Rivers. Und natürlich auf »I can't get no satisfaction«.
Ach so! Hat gar nicht so lange gedauert.

Zum 6. Gebot

Warst du noch bei Wolfgang und Gabi?
Aha! So so! Bei Peter! Macht mir ja überhaupt nichts aus.
Ist ja ein dufter Typ. Guter Fußballer!
Kenn ich von früher.
Aber du hättest ja wenigstens anrufen können.
Ich meine ja nur.
Weißte. Ich war so beunruhigt. Soll ja kein Vorwurf sein.
Aber ich hab die ganze Nacht nicht pennen können.
Soll ja kein Vorwurf sein!
Nur so'n bißchen Schlaflosigkeit.
Und um drei Uhr wollte ich bei der Polizei anrufen oder im Krankenhaus. Solche Sorgen hab ich mir gemacht.
Und dann hatte ich noch ganz toll gekocht.
Und Tee gemacht, Johannisbeertee, dein Lieblingsgesöff.
Alles kalt geworden. Soll ja kein Vorwurf sein.
Wirklich schade drum.
Was? Was soll bei mir in Wirklichkeit dahinterstecken?
Eifersucht? Du hast ja 'ne Macke.
Aber meine Gefühle werde ich ja noch rauslassen dürfen.
Okay, okay. Ich soll mich beruhigen.
Gut, gut. Ganz cool. Ganz sachlich. Hast recht.
Da können wir ganz normal drüber diskutieren.
Wir sind schließlich erwachsen.
Okay, ich habe damals und gestern selber gesagt ...
Na klar, da stehe ich auch voll hinter ...
Theoretisch.
Aber ein bißchen Rücksicht könntest du ja mal nehmen!
Mehr will ich ja gar nicht!
Und ... 30 Pfennig haste ja wohl gehabt?
Soll ja kein Vorwurf sein.
Und dann hab ich heute nacht mal in meinem Tagebuch geblättert!
Und alle Ergebnisse in den Computer eingegeben.

Die Abrechnung = [EHERACHE.DOC]

259 mal wollte ich im letzten Jahr mit dir schlafen.
10 mal war es dir zu heiß, 5 mal zu kalt!
3 mal hast du die halbe Nacht an allen Geräten rumgeschnuppert, weil es scheinbar nach Gas gerochen hat.
17 mal zu müde, 4 mal zu aufgedreht.
12 mal hast du dich schlafend gestellt.
3 mal Zahnschmerzen, 10 mal Hexenschuß.
30 mal bist du mit einer knallheißen Bettflasche in die Falle gekommen.
8 Tage warst du nicht ansprechbar, nachdem du das indianische Medium in der Eifel aufgesucht hattest.
4 mal hast du gesagt:
Im Nebenraum schläft meine Mutter.
39 mal: Du denkst immer nur an das Eine.
3 Nächte hast du deinen neuen Daunenschlafsack
mit dem Sicherheitsverschluß ausprobiert.
Zugegeben:
50 mal haben wir wirklich miteinander gepennt, aber:
16 mal hast du gesagt, wir müssen leiser sein.
12 mal hast du mit wachsender Begeisterung von deinem Tarotkurs erzählt.
11 mal hast du dich über die Nachbarn aufgeregt.
7 mal bist du darauf gekommen,
daß wir die Kehrwoche noch nicht gemacht haben.
Gut. 4 mal hast du echt Lust gehabt.
Auf deinem Geburtstag, Silvester, im Urlaub und auf dem Festival.
Aber jedesmal warst du ganz schön angesäuselt.
Was heißt hier, das sind über 400 Tage im Jahr.
Manchmal hast du ja x Gründe auf einmal gehabt.
Soll ja kein Vorwurf sein.

Achim Schmidt-Carstens (ASC)

Herzklabaster

Mann liebt Frau. Frau ziert sich. Mann baggert. Ach ja, noch was: Mann ist verheiratet, Frau ist entheiratet, insgesamt haben beide drei Kinder. Nein, nicht zusammen ... Mit ihren jeweiligen Partnern. Irgendwann funkt es dann jedenfalls doch noch, und damit beginnen die Verwicklungen. Fast wie im richtigen Leben.

Am Anfang stand die Sympathie ...
Die ganz normale Grundchemie,
die - vom Leben schnell entfacht -
das Miteinander leichter macht.

Der Sympathie folgt Respekt ...
(Der wird bei mir meist dann geweckt,
wenn Menschen fest im Leben steh'n
und senkrecht durch dasselbe geh'n.)

Danach kam eine Weile nix.
(Manch einer liebt halt nicht so fix.)
Doch dann war plötzlich viel Gefühl
und ganz viel Zuneigung im Spiel.

Damit fing das Theater an:
ein satter selbstgerechter Mann,
der ist verknallt wie Romeo ...
Und ist darüber auch noch froh!

Inzwischen wächst Vertrau'n hinzu.
Das brauch' ich auch (genau wie du)
wenn ich - wenn's noch so schwierig scheint -
dich haben will ... als Weib und als Freund.

(Will damit sagen: dicker Mann
fragt höflich und verbindlich an,
ob - schöne Frau - er irgendwann
in Echtigkeit dein Kerl sein kann.)

P.S.
Jeder Kuß, den wir uns geben,
gilt in uns'rem »alten« Leben
sicher als obszönes Laster ...
Das soll die Euphorie nicht dämpfen,
für diese Liebe will ich kämpfen!
Sonst krieg' ich einen Herzklabaster.

Zum 8. Gebot

Siebo Woydt (Lutherratten)

Wer einmal lügt ...

A: *(elegisch)* Die Wahrheit...

B: ... ist ein ganz alter Hut, den sich heute kaum noch jemand über die Ohren ziehen läßt.

A: ... aber die Wahrheit als solche ...

B: In Indien sagt man, die Wahrheit sei der Name, den wir unseren wechselnden Irrtümern geben. Der Begriff »Wahrheit« ist also nur ein anderes Wort für »Irrtum«.

A: Dann ist Irrtum auch gleich Wahrheit?

B: Aber Ja! Oder ist es z.B. nicht wahr, daß sich z.B. die Bundesregierung z.B. in den Kosten der Einheit geirrt hat?

A: Natürlich nicht, das ist wahr. Aber damit müßte es ja deiner Meinung nach falsch sein.

B: Ist es auch, weil es ja offiziell nicht wahr sein darf.

A: Wie bei Christian Morgenstern: »Daraus schloß Kohl messerscharf, daß nicht sein kann, was nicht sein darf.«

B: *(kopfschüttelnd)* Richtig!

A: Aber das ist doch falsch!

B: Das ist wie mit der Grammatik: Wenn man einen Fehler nur oft genug wiederholt, wird er schließlich zur Regel.

A: Dann entsteht Wahrheit, indem man sich an Irrtümer gewöhnt?

B: *(nickend)* Falsch.

A: Jetzt habe ich verstanden; z.B.: »Wahr ist, daß der Wirtschafts- und Sozialforscher Miegel gesagt hat, ...«

B: *Spiegel* Nr. 46, S. 20.

A: »... daß als schlimmstes denkbares Ende ein Währungsschnitt wie nach dem Ersten Weltkrieg denkbar ist und daß zwei Mark dann nur noch eine Mark wert wären.«

B: »Unwahr ist, Theo Waigel habe gesagt, es könnten auch vier Mark sein, die dann nur noch eine Mark wert wären.«

A: Aber welche Bemerkung ist jetzt wahr?

B: Welche von beiden ist falsch! So einfach läßt sich die Wahrheit nicht hinterfragen, denn »Siehe, ...«

A: Psalm 51, Vers 8.

B: »... dir gefällt Wahrheit, die im Verborgenen liegt, und im Geheimen tust du mir Weisheit kund.«

A: Heißt das, daß Lügen deshalb so gut ankommen, weil doch etwas Wahrheit darin verborgen ist? Wenn es z.B. heißt: »Die Renten sind sicher ...«

B: Dann ist das nur die halbe Wahrheit der sogenannten Rentenlüge. Vollständig müßte es heißen: »Die Renten sind sicher. Nicht das Einzige, das gekürzt werden muß.« Und das ist dann keine Lüge!

A: Aha. Also ... Die Wahrheit - ist eine Lüge auf Stelzen.

(B nimmt den Fuß vom Stuhl; der Dialog wird bis zum Ende schneller)

B: *(nickend)* Nein. Was passiert denn, wenn die Stelzen zu hoch sind?

Zum 8. Gebot

A: Die Bäume wachsen in den Himmel.

B: Und?

A: Na?!

B: Zu schön, um wahr zu sein, nicht wahr?

A: Das heißt, irgendwann schließt sich der Kreis und holt die Wahrheit wieder ein.

B: (*kopfschüttelnd*) Richtig.

A: Und eine absolut totale Lüge ...

B: ... enthält wieder Wahrheit. Und wenn es eben nur eine Lüge ist.

A: Letztendlich würde das heißen, daß es keine Wahrheit gibt.

B: Und damit auch keine Lüge.

A: *(elegisch)* Die Wahrheit...

B: ... ist ein ganz alter Hut, den sich heute kaum noch jemand über die Ohren ziehen läßt ...

2. Kunststück: Glaube

Das zweite Hauptstück
Der Glaube

Der erste Artikel – Von der Schöpfung

Ich glaube an Gott den Vater, den Allmächtigen,
den Schöpfer des Himmels und der Erde.

Der zweite Artikel – Von der Erlösung

Und an Jesus Christus,
seinen eingeborenen Sohn, unsern Herrn,
empfangen durch den Heiligen Geist,
geboren von der Jungfrau Maria,
gelitten unter Pontius Pilatus,
gekreuzigt, gestorben und begraben,
hinabgestiegen in das Reich des Todes,
am dritten Tage auferstanden von den Toten,
aufgefahren in den Himmel,
er sitzt zur Rechten Gottes, des allmächtigen Vaters,
von dort wird er kommen,
zu richten die Lebenden und die Toten.

Der dritte Artikel – Von der Heiligung

Ich glaube an den Heiligen Geist,
die heilige christliche Kirche,
Gemeinschaft der Heiligen,
Vergebung der Sünden,
Auferstehung der Toten
und das ewige Leben.

Amen.

Kluge Frage – Klare Antwort

Heidelberger Katechismus: Fragen 1-64 und Antworten

1. Was ist dein einziger Trost im Leben und im Sterben?

Der Herr gibt's den Seinen im Schlaf.
Dazu - als Varianten - einige Ostithesen:
Der Herr macht's dem Meinen im Schlaf.
(die sexuelle Variante)
Der Herr gibt's den Schweinen. Alaaf!
(die rheinische Variante)
Der Herr gipst die Beine im Schlaf.
(die Notarzt-Variante)
Der Herr wirft mit Steinen im Schlaf.
(die Autonomen-Variante)
Der Herr macht dir Beine, du Schaf.
(die feudalistische Variante)
Der Herr gibt das Reimen im Schlaf.
(die poetische Variante)

Oje, ich glaube, meine Blasphimose macht sich wieder bemerkbar. Mal unter uns: Ich finde es einfach nicht in Ordnung, untätig dabei zuzusehen, wie der eigene Sohn ans Kreuz genagelt wird. Am Anfang stand also das Jesus-Gambit ... (Osti Osteroth)

2. Wieviel Stücke sind dir nötig zu wissen, daß du in diesem Trost selig leben und sterben mögest?

Was für »Stücke« sind gemeint? Ist das so wie die Frage: »Was würden Sie auf eine einsame Insel mitnehmen?« Sind's Theaterstücke, Stücke des täglichen Bedarfs? Stücke Kuchen? Was zwingt den Theologen, kryptisch zu sprechen? Soll man nicht verstehen? Soll wirklich ruminterpretiert werden können? (Norbert Alich)

Die Frage kitzelt uns an der transzendentalen Muskulatur, möchte man meinen. Gleichwohl ist sie einfach zu beantworten. Nur ein Stück muß man wissen und zwar *je* ein Stück; z.B.: Das Festland ist nur 24 Stunden entfernt, oder: Morgen kommt mein Schatz, oder: Es gibt ein Leben nach dem Tod, oder: Ich verdiene 5.000 Mark im Monat, oder: Gleich gibt's Essen. Meistens will man gar nicht mehr wissen. Der Trost kommt dann von selber. (Hans König)

3. Woher erkennst du dein Elend?

Beim Blick auf meinen Kontoauszug. (Jürgen Erdmann)

4. Was fordert denn das göttliche Gesetz von uns?

Nehmt euch mal nicht zu ernst, ihr Erdwichtel auf Zeit! (Richard Rogler)

7. Woher kommt denn solche verderbte Art des Menschen?

Adam und Eva, zwei mir völlig fremde Menschen, sollen der Ursprung dafür sein, daß wir manchmal so schlecht sind. Endlich kann man jemanden für seine Schandtaten verantwortlich machen. Nur: »Kann wohl ein Reiner kommen von Unreinen? Auch nicht einer!« (Hiob 14,4) Wie beängstigend ist es, wenn man schon von Anfang an weiß, unrein zu sein. Auf der anderen Seite kann es dann nach der Geburt nur besser werden. Denn schlechter als unrein geht es nicht. Aus dem Unreinen scheint auch eine Menge guter Dinge zu entstehen. Da kann man nur feststellen, daß es manchmal richtig schön ist, von den Unreinen abzustammen. (Thomas Philipzen)

12. Weil wir denn nach dem gerechten Urteil Gottes zeitliche und ewige Strafe verdient haben: wie mögen wir dieser Strafe entgehen und wiederum zu Gnaden kommen?

Je mehr wir unserer Strafe entgehen wollen, desto mehr gehen wir ihr entgegen. Auch wenn mitunter der Eindruck entsteht, Mensch zu sein, wäre Strafe genug. Als Menschen dürfen wir aber immerhin glauben, daß Gott uns vielleicht ebenso braucht wie die Gerechtigkeit Güte. Und so dürfen wir zumindest hoffen, daß die Güte dann zu uns kommt. (Florian Frenzel)

Indem wir konzentriert und konsequent Heiden »Herr, Deine Liebe ist wie Gras und Ufer« vortragen – vorzugsweise in Räumen, die keine Fluchtmöglichkeit bieten (U-Bahnen, Gummizellen etc.)! (Lutz von Rosenberg Lipinsky)

19. Woher weißt du das?

Der Wind, der Wind, das himmlische Kind ... (Härter bis Wolkig Faxenkombinat)

21. Was ist wahrer Glaube?

Eine geradezu paläonto-logische Frage ...! Der wahre Glaube entstand vermutlich aus einem akuten Mangel an Wissen und dem gleichzeitigen Bemühen, diesen Mangel gegenüber den natürlichen Feinden zu verbergen. Durch eine Art Über-Zeugung, die sich vor allem später in Selbstüberschätzung und Dogmatismus verlagerte, konnte dieser Fehler der menschlichen Natur zunächst kompensiert werden. Diese Mutation hat sich allerdings nicht völlig durchsetzen können. Der wahre Glaube, der sich immer rezessiv vererbt hatte, starb fast völlig aus und sicherte damit vermutlich das Überleben der Art. Wir wissen es: Die Natur verteidigt stets ihr Recht auf Unvollkommenheit. (Barbara Hornberger)

25. Dieweil nur ein einig göttliches Wesen ist, warum nennest du drei: Vater, Sohn und Heiligen Geist?

Des isch doch klar: des isch oifach typisch Mann! »Ein göttlich*es* Wäsen« hoißts, also mer woißt net, ob Mann oder Frau. Es könnt scho au e Frau sei. Aber des isch denne Kärle doch zu riskant, daß da e Frau was zu sage hätt in der Kirch. Des hat ja scho der Paulus befürchtet oder wie der ghoiße hat. Also, nix wie drei Männer higschtellt statt oim neutrale oder gar weibliche Wäse, damit ja koiner auf die Idee kommt, im Himmel gäbs was anders als Männer (außer de Putz-Engel vielleicht). Seilschafte hoißt mer des - theologische Seilschafte - der Vadder bringt gleich noch sein Sohn mit un de heilige Geischt! Mir Fraue hättet de heilige Geischt net noch extra braucht, mir habbet den sowieso, praktisch angebore. Hör mer bloß auf mit Männer! (Sibylle Wiemer-Clement)

aus eins mach zwei
aus zwei flieg drei
und drei ist eins
das nennt sich vier
hat aber keinen Namen hier

der Früchte drei
der Quellen zwei
die Eins des Seins
bezieht Quartier
in ihrem Schoße
für und für

(Korelia Escher)

26. *Was glaubst du, wenn du sprichst: Ich glaube in Gott Vater, den Allmächtigen, Schöpfer Himmels und der Erden?*

Daß ich Legastheniker bin. (Andreas Loos)

28. *Was für Nutzen bekommen wir aus der Erkenntnis der Schöpfung und Vorsehung Gottes?*

Wir werden offene, sympathische, materiell gut abgesicherte, geistig unabhängige Wesen, mit überdurchschnittlicher Intelligenz, solider Bildung, einer guten Intuition und viel Witz, ja mehr noch, mit Interesse an Kultur, im besonderen an Musik und Literatur, aber auch an Sport. Wir sind gute Zuhörer und erzählen gut. Wir lachen gern und viel und setzen uns überall hin, wo gesungen wird. Wir wissen den Wert einer Mahlzeit zu schätzen, essen aber nicht übermäßig viel und allzu Ausgefallenes. Wir lassen gerne an der Kasse andere vor, denn wir haben es nicht eilig. Vieles haben wir nicht nötig; z.B.: Linksfahren auf der Autobahn, im Streit zu schreien, Telefonsex. (Hans König)

30. *Glauben denn die auch an den einigen Seligmacher Jesus, die ihre Seligkeit und Heil bei Heiligen, bei sich selbst oder anderswo suchen?*

Auch hier ist die Sprache mal wieder unklar. Was ist ein »einiger Seligmacher«? Jesus kenne ich. Was ist an der Frage relevant? Wie sucht man »Heil« bei sich selbst? Wer sind welche Heiligen? Naiv geantwortet: Wenn »Heil suchen« und Glauben dasselbe sind, geht's wohl nicht. Wer nicht bei Jesus Heil sucht, der findet's vielleicht woanders, wer aber glaubt, nur bei Jesus alles zu finden, der könnte seine Probleme kriegen, z.B. mit der Steuererklärung. (Norbert Alich)

Die Frage ist doch: An wen hat eigentlich Jesus geglaubt? (Richard Rogler)

33. Warum heißt er Gottes eingeborener Sohn, so doch wir auch Kinder Gottes sind?

Eine schwere Frage. Wenn diese Unterscheidung wirklich dem lieben Gott so wichtig sein sollte - man kann es sich eigentlich nicht vorstellen -, fällt mir da nur das berühmte Baustellenschild ein: »Eltern haften für ihre Kinder«. Vielleicht hat sich der liebe Gott einmal gedacht: »Wenn das mit den Menschen einmal alles in die Hose geht, möchte ich nicht unbedingt meinen guten Namen dafür hinhalten müssen.« Eine Art Absicherung gegen den Unfug, den wir manchmal so anstellen. Schließlich kann man nicht erwarten, daß Gott dafür immer die Verantwortung übernimmt; außer bei dem Sohn, von dem er genau wußte, wie er handelte. Man kann das gut verstehen. Nicht alle Eltern rennen - egal wie sehr sie ihr Kind lieben -, nachdem jenes einem Fremden einen Ball an den Kopf geschossen hat, zu dem Betroffenen und sagen von Herzen: »Das ist mein Kind, und mein Name bürgt für Qualität!« Gut vorstellbar erscheint jedoch der Gedanke, daß auch Gott zu seinem eingeborenen Sohn hin und wieder sagen mußte: »Junge, das war aber nicht so schön. Passiert das nochmal, mußt du drei Stunden im Vorgarten arbeiten!« (Thomas Philipzen)

38. Warum hat er unter dem Richter Pontius Pilatus gelitten?

Wer würde nicht unter einem Juristen leiden, dem die zu erweisende Unschuld nicht als Maßgabe seines Schaffens, sondern zur Auslebung eines fragwürdigen, wenn nicht gar zwanghaften Hygienebedürfnisses dient? (Florian Frenzel)

Pontius Pilatus ist ja eine der sieben Geißlein der Menschheit und war offenbar zum damaligen Zeitpunkt noch nicht heilbar. Die hygienischen Verhältnisse müssen so kriminell gewesen sein, daß man diese Krankheit »Richter« nannte. (Lutz von Rosenberg Lipinsky)

41. Warum ist er begraben worden?

Es war ein Versehen! (Härter bis Wolkig Faxenkombinat)

45. Was nützt uns die Auferstehung Christi?

Ja, des frag i mi au! Wenn des alle mache dädet, hätt mer koi Grab mehr zum Pfläge, koi Stiefmütterle und Aschtersträuß. I bin ja immer so froh, wenn i ab und zu e stilles halbes Stündle hab aufm Friedhof, so ohne Kindergschrei und Sportschau. Dann schaff i e bißle am Grab vom Schwiegervadder rum und hinterher bin i widder ich sälbscht - diese Ruhe und Besinnlichkeit aufm Friedhof! Wenn die jetzt alle nach drei Dag auferstehe würdet - du liebe Zeit! Ja, und die ganze Arbeitsplätz - Friedhofsgärtner, Stoimetze und Schlaifebindereie - die wäret ja au gefährdet. Also, i glaub oifach, des hat sich der Herr Jesus net so recht überlegt. Aber zum Glück hats ihm ja koiner nachgemacht. (Sibylle Wiemer-Clement)

46. Wie verstehst du, daß er ist gen Himmel gefahren?

Er hat in der Lotterie gewonnen: Ein Platz an der Sonne! (Und er kann froh sein, daß es sich nicht um eine kirchliche Lotterie gehandelt hat - ein Platz an der Nonne jedenfalls wäre sicher nicht so paradiesisch ...) (Barbara Hornberger)

48. Werden aber mit der Weise die zwei Naturen in Christus nicht voneinander getrennt, so die Menschheit nicht überall ist, da die Gottheit ist?

Wir erweitern diese Frage: Wäre Jesus in einem Taxi hinten oder vorne eingestiegen? Die Antwort: Er wäre hinten und vorne gleichzeitig eingestiegen. Wir wissen: Dadurch, daß Jesus hinten sitzt, *daß* es Jesus ist, der hinten sitzt, und daß er daher gleichzeitig auch vorne sitzt, weil Jesus überall ist. Denken wir weiter: Wenn Jesus überall ist, dann ist er auch über dem Taxi. Nun schauen wir aber nach und sehen ihn nicht. Wir sehen ihn nicht, aber wir wissen ihn. Das ist allerhand. Wir wissen, daß wir ihn wissen und daran wissen wir uns. (Denn ohne uns könnten wir gar nichts wissen.) Wir wissen uns wissend. Gleichzeitig wissen wir aber auch, daß unser Wissen nichts ist, im Gegensatz zum göttlichen Wissen. Und wissen, daß wir wenig wissen, was schon viel ist. So nähern wir uns mit unserem Gewußten dem Unweißbaren bis zum äußersten Punkt. Wo wir Gottheit wissen, wissen wir nichts und wissen es trotzdem. Das ist enorm und irgendwie beruhigend. (Hans König)

Meiner Katze
ihre Tatze
hat zum Platze
die Matratze

Manchmal tritt'se
wenn ich bitt'se
und malt Witze
auf Matrize

Die Gottheit schreibt
uns zu erreichen:
das Leben bleibt
ein ????????????

(Korelia Escher)

49. Was nützt uns die Himmelfahrt Christi?

(Siehe Dostojewski, der Großinquisitor) Weil Jesus gen Himmel gefahren ist, können wir hier unten machen, was wir wollen. (Andreas Loos)

51. Was nützt uns diese Herrlichkeit unsers Hauptes Christus?

Die nützt uns nur was, wenn wir auch die Fraulichkeit entdecken. (Richard Rogler)

52. Was tröstet dich die Wiederkunft Christi, zu richten die Lebendigen und die Toten?

Daß alle ihr Fett wegkriegen. Ein abendfüllendes Programm wie in »Ein Gott sieht rot« (Osti Osteroth)

54. Was glaubst du von der heiligen, allgemeinen christlichen Kirche?

Es gibt ja mehrere Kirchen, zumindest die katholische, die lutherische, die Freikirchen, diverse Sekten und und ... Was ich von denen glaube? Ich will mal so sagen: es gibt nix schöneres als ein gelungenes Fronleichnamsfest, d.h. schönes Wetter, wunderschön geschmückte Altäre, ein Pfarrer, der es versteht, weihevolle Stimmung zu verbreiten, eine mit Birken vollgepfropfte Kirche, viel Weihrauch, ein fähiger Organist, der mit allen offenen Registern »Großer Gott, wir loben Dich« anstimmt, anschließend Frühschoppen, gutgebratene Rindsrouladen, anschließend ein schöner Spielfilm mit Hans Moser. Wenn die Kirche, in dem Fall die katholische, heute noch so was bieten könnte ... Aber wie oft haben die Evangelischen einem das Fest verdorben, haben Wäsche rausgehängt, Hausputz gemacht - während der Fronleichnamsprozession. Ab, zurück nach Preußen mit diesen ... Was ich von einer heiligen, allgemeinen christlichen Kirche so glaube? Daß es den Kirchen gar nicht mehr so gut geht - sämtliche Würdenträger werden geoutet -; es sind doch »auch nur Menschen«. Jesus sollte mal wieder kommen und einiges aus dem Tempel werfen ... (Norbert Alich)

55. Was verstehst du durch die Gemeinschaft der Heiligen?

Lieber eine offene Kirche als eine geschlossene Anstalt. (Reiner Rautenberg)

56. Was glaubst du von der Vergebung der Sünden?

Wenn meine Sünden darüber entscheiden, ob ich eines Tages in den Himmel komme oder nicht, dann bin ich gespannt, nach welchem Maßstab der liebe Gott vorgehen wird. Ich erinnere mich daran, daß ich als Kind einem meiner Brüder eine Schokolade geklaut habe.

Später mußte ich mich vor dem von meinen Brüdern einberufenen Gericht verantworten und auf Gott schwören, daß ich es nicht gewesen bin. Ich tat es. Vielleicht muß ich deswegen schon den Abzweiger vor der Himmelspforte nehmen. Vielleicht habe ich das Glück, daß er mich und meine Sünde versteht.

Man kann aber davon ausgehen, daß der liebe Gott etwas großzügiger in seiner Beurteilung ist, Sünden zu vergeben oder nicht. Schließlich wäre es sonst ziemlich leer im Himmel, und dann wäre es dort sowieso sehr langweilig. Ich kann mir sogar vorstellen, daß der liebe Gott selbst Schokolade mag. (Thomas Philipzen)

61. Warum sagst du, daß du allein durch den Glauben gerecht bist?

Gerecht? Gerächt! (Härter bis Wolkig Faxenkombinat)

Man redet halt viel, wenn der Tag lang ist. (Lutz von Rosenberg Lipinsky)

62. Warum können aber unsere guten Werke nicht die Gerechtigkeit vor Gott oder ein Stück derselben sein?

Weil unsere bösen Werke auch nicht Teil von Teufels Ungerechtigkeit sind, sondern auf unsere eigene Kappe gehen. (Florian Frenzel)

64. Macht aber diese Lehre nicht sorglose und verruchte Leute?

Aber gwieß net! Sorgevollere Leut als mir Chrischte gibts doch auf der ganze Welt net! Mer schafft und schafft von morgens bis abends - Macht euch die Erde untertan, hoißts ja in der Bibel - ja, und des Untertan-Mache isch ganz schön anstrengend. Bis mer die Hecke in Form gschnitte hat, des Gartewegle genau rechtwinklig plättelt hat und bis der Dackel erzoge isch - ja, was glaubet Sie, was das für e Gschäft isch!? Gugget Sie doch die Leut da in Afrika oder Indien an, die nix Rechts glaubet, die sitzet nur rum und schaffet nix. Noi, noi, der Glaube isch die Stütze von unserm Arbeitsläbe. (Sibylle Wiemer-Clement)

Der Glaube

Hanns Dieter Hüsch

Ich glaube es nicht

Sie sagen
Idealismus ist ein Intelligenzdefekt.
Ich glaube es nicht

Sie sagen
Die Bergpredigt wäre nicht so gemeint.
Ich glaube es nicht

Sie sagen
Du sollst nicht töten ist so zu verstehen, daß ...
Ich glaube es nicht

Sie sagen
Bei etwas gesunden Menschenverstand müßte doch jeder ...
Ich glaube es nicht

Sie sagen
selbst Jesus Christus würde, wenn er heute ...
Ich glaube es nicht

Und wenn man mir Berge
schwarzen und roten Goldes verspricht
Ich glaube es nicht

Falsche Freunde

Glaubensbekenntnis – Credo Rap

Wir glauben an Gott, wir glauben an Geld
Wir glauben an alles, was die Welt zusammenhält
Und wir glauben, daß wir wissen,
Daß das alles seine Richtigkeit hat.
Und wenn irgendwer was anderes glaubt,
Machen wir ihn platt.

Wir glauben an Recht und Ordnung und Moral,
Glauben an die Suche nach dem heiligen Gral,
An die wundervolle Schönheit
Der Massenkommunikation,
An Fax + Fix + Foxi
Und kabelloses Telefon.

Wir glauben an den Kanzler, glauben an Macht
Wir glauben, daß Chemie ist, wenn man trotzdem lacht
Und wir glauben, was wir sollen, glauben,
Daß wir es so wollen und wir glauben jeden Mist ...
Und jeder glaubt daran, daß er selbst
Kein Korinthenkacker ist ...

Wir glauben an die Löcher in Parteien und Ozon
Und an die Entbehrlichkeit der Vegetation
An die Verknotung von Nasenhaaren
Und Haaren am Arsch
Und wenn irgend jemand das nicht glaubt –
Dem blasen wir den Marsch.

2. Kunststück: Glaube

Wir glauben an Schwarz, wir glauben an Weiß,
An den heiligen Elvis und an wirklich jeden Scheiß
An Friede, Freude, Eiersuchen
Westlicher Zivilisation.
›Wenn jeder einen überzeugt‹
Erfüll'n wir die Mission.

Ist der Papst katholisch? Scheißt der Bär in'n Wald?
Wir glauben fest daran, daß es ›PENG‹ macht,
wenn es knallt.
Wir glauben an die Zukunft,
Natürlich fest verzinst
Und an den netten Onkel
der vom 1000-Mark-Schein grinst.

Wir glauben an den Zeitgeist, glauben an den Trend,
Und daß ein großes Haus
länger als ein kleines brennt.
Man muß schon was im Kopf haben,
Und wenn's nur Sägemehl ist.
Gehirn ist genau das, was der Glauben
Am allerliebsten frißt.

Wir glauben, daß das alles nicht so furchtbar
schlimm sein kann
Und daß man sich mit Sicherheit gewöhnen kann daran,
Einfach wegzuschauen
Bei fast allem, was geschieht,
Und daß alles ein Ende haben muß,
Genau wie dieses Lied.

Werner Wollenberger (Kom(m)ödchen)

Deutsches Credo

Alle: Und wenn es von uns Deutschen heißt,
wir wären geistig voll verwaist,
so heißt das wörtlich übersetzt
daß man uns seelisch unterschätzt!
Denn wenn man von uns Deutschen glaubt,
der Glaube sei uns längst geraubt,
was glaubt man denn da überhaupt?
Wir glauben mehr als man so glaubt ...

A: Wir glauben vor allem, daß es uns gutgeht, weil es uns gutgehen muß, denn es ist uns beinah immer gutgegangen, und deshalb wird es uns immer gutgehen, und daß es uns immer gut gehen wird, ist gut, denn wem sollte es gutgehen, wenn nicht den Guten?

Chor: Wir glauben sodann, daß wir verdienen, was wir verdienen, und daß wir verdienen, verdienen wir.

B: Und wenn wir noch mehr verdienen, dann verdienen wir noch mehr, weil wir noch mehr verdienen,

C: denn wer sollte verdienen, wenn nicht die, die's verdienen.

Chor: Wir glauben, daß in puncto Geld
der Deutsche zu den Besten zählt.
Und ging's uns in puncto Kasse schlecht,
dann wär's nicht recht,
dann wär's nicht recht.

D: Wir glauben ferner, daß zwei Bockwürste mehr sind als eine und daß ein Brathähnchen mehr ist

als drei Bockwürste,
Chor: doch vier Hummer sind mehr als fünf Brathähnchen
B: und drei Dosen Kaviar sind wiederum mehr
Chor: hauptsächlich Malossol
A: und wenn wir ihn nicht essen,
D: dann essen ihn eben die anderen,
A: weshalb wir ihn lieber selber essen,
B: denn der Mensch lebt nicht vom Brot allein.
A: Wir glauben weiterhin, daß es zwei Kategorien gibt von Menschen, die gewöhnlichen und die Deutschen,
B: wobei wir nicht leugnen wollen, daß auch die anderen Menschen Menschen sind,
Chor: beziehungsweise fast,
C: und großzügig, wie wir sind, wenn's nichts kostet, geben wir zu, auch die Franzosen sind Menschen und die Kölner sind Menschen, und neuerdings, weil sie uns Volkswagen abnehmen, sind auch die Amerikaner wiederum Menschen - aber ich bitte Sie, was für welche ...
Chor: Wir glauben schließlich auch, daß Armut keine Schande ist und kein Verbrechen,
D: aber ein sicheres Zeichen von brummender Dummheit,
B: denn wer jetzt noch arm ist, der ist arm, weil er nicht reich ist,
A: und wer jetzt nicht reich ist, der ist nicht reich, weil er nicht reich geworden ist,
C: und wer jetzt noch nicht reich geworden ist, wird nimmermehr reich,
Chor: und so einer ist doch ein Armer!
Chor: Wir glauben, daß ein Mensch mit Geld
zum edlen Teil der Menschheit zählt!
Und daß, wer nicht dazugehört,

das Landschaftsbild beträchtlich stört!
Wir glauben, daß wohl überhaupt,
kein Mensch an so viel Schönes glaubt!
Und daß, dies ist der Schluß,
wer nicht dran glaubt, dran glauben muß!

Siebo Woydt / Jürgen Erdmann (LUTHERRATTEN)

Alarmstufe Lila

PERSONEN

Captain Kirk
Erster Offizier Spock
Navigator Checkov
Kommunikationsoffizier Uhura

(Vorhang geschlossen, Licht aus. Vom Band ertönt Titelmelodie von »Raumschiff Enterprise«. Wird ausgeblendet, dann Stimme)

Stimme: Das Weltall. Unendliche Weiten. Wir schreiben das Jahr 2200. Dies sind die Abenteuer des Raumschiffs ›Martin Luther‹, das im Auftrag der Rheinischen Landeskirche das Universum durchquert auf der Suche nach neuen Welten. Das Schiff ist nach neuesten Erkenntnissen der Wissenschaft biologisch-dynamisch angetrieben. An Bord keine besonderen Vorkommnisse ...

(Vorhang auf. Auf der Bühne rechts an einem Pult sitzt Checkov. In der Mitte hinten sitzt Kirk erhöht auf einem Tisch. Links vorne sitzt Uhura an einem Tisch, dahinter steht Spock. Wenn der Vorhang aufgeht, schalten alle bis auf Kirk an imaginären Instrumenten herum und machen dabei Geräusche wie »Bssss, »Klick, Klick« und »Ticke Tacke Bumm!«)

Checkov: Captain, die Sensoren zeigen ein fremdes Objekt an!

Kirk: In welcher Richtung, Checkov?

Checkov: *(schaut auf imaginären Monitor)* 60º, Captain. Es scheint sich nicht zu bewegen. Soll ich den Kurs ändern?

Kirk: Ja, schalten Sie auf Hirse-Antrieb, selbst gemahlen.

Checkov: Aye, aye, Captain! *(schaltet auf dem Tisch vor sich herum)*

Uhura *(holt Ei und Eierbecher aus der Tasche und stellt beides vor sich auf den Tisch; alle machen für kurze Zeit »MMMMMMMMMHHHHHHHHH« und lehnen sich nach rechts)*

Checkov *(schaut durch imaginäres Mikroskop, schirmt dabei Augen von den Seiten mit den Händen ab, richtet sich dann auf)*: Captain, ich bekomme Daten. *(jetzt stockend, er erkennt erst nach und nach)* Es ist kein Schiff ... es ist riesengroß und schwarz ... ganz mit Fell bedeckt ... Es hat Hörner und einen Pferdefuß! *(jetzt aufgeregt)* Es dreht sich ... Ich kann Menschen erkennen! ... Sie reiten auf dem Objekt, sie stechen darauf ein, sie schlagen es! ... Sie führen ein Kriegsbanner, Captain!

Kirk *(neugierig)*: Was steht auf dem Banner, Checkov?

Checkov *(wieder über dem Instrument, langsam, stockend)*: Kein anderes Evangelium!

Kirk *(aufgebracht, richtet sich halb von seinem Sitz auf)*: Die Bekenntnis-Bewegung! Sie reiten auf dem Teufel!

Spock *(leicht arrogant wissenschaftlich)*: Sie werden vom Teufel geritten, Sir!

Kirk *(ärgerlich, aufgeregt)*: Verdammt, das machen unsere Schutzschilde nicht lange mit! Uhura, funken Sie auf Notfrequenz!

Uhura *(holt Ei und Eierbecher aus der Tasche und stellt beides vor sich auf den Tisch)*: Aye, aye, Captain! *(beginnt lautlos nach Bongo-Art vor sich auf den Tisch zu trommeln)*

Kirk *(sachlich, ernst)*: Chekov, was können Sie erkennen?

Chekov *(am Instrument)*: Sie sind wie Krieger gekleidet, Sir.

Spock *(leicht arrogant, wissenschaftlich)*: Das ist der ›Helm des Heils‹, Sir.

Chekov *(am Instrument)*: Sie tragen selbstgestrickte Hosen, Sir.

Spock *(leicht arrogant, wissenschaftlich)*: Das ist Tradition, Sir. Sie gürten ihre Lenden mit der Wahrheit.

Chekov *(am Instrument)*: Ich kann Brust- und Rückenpanzer erkennen, Sir.

Spock *(leicht arrogant, wissenschaftlich)*: Der ›Panzer der Gerechtigkeit‹, Sir!

Chekov *(am Instrument)*: Sie tragen große Schilder vor sich her, Sir.

Spock *(arrogant, verärgert)*: Schilde, nicht Schilder! Die ›Schilde des Glaubens‹.

Checkov *(am Instrument)*: Die Instrumente zeigen auch Schwerter an, Sir, aber sie scheinen stumpf zu sein.

Spock *(süffisant)*: Das sind dann wohl die Schwerter des Geistes.

Checkov *(unterbricht aufgeregt, schaut wie gebannt auf imaginäre Anzeigen vor sich und schaltet verzweifelt)*: Captain, ich habe das Schiff nicht mehr unter Kontrolle! Der Antrieb reagiert nicht mehr!

Kirk: Spock, was sagen die Sensoren?

Spock *(dreht an imaginären Reglern)*: Randvoll mit wahrem Glauben, Captain, ich kann überall große Parteispenden erkennen. Vorne ist noch eine ganz starke Lobby angebracht.

Kirk *(ärgerlich)*: Verdammt! *(kurze Pause)* Sponsoren?

Spock *(dreht wieder an den Reglern)*: Augenblick, Captain ... rechts an der Ecke kann ich ein paar Sticker erkennen ... Christliche Weltraumpartei ... Bankhaus Merkur ... *(dreht sich zu Kirk um)* Vielleicht sind sie im Auftrag der Bank unterwegs, um Manna für die nächste Pharisäer-Fete zu besorgen ...

Kirk: Kann schon sein. Was wird so ein Riesenschiff wohl kosten?

Chekov: Dreißig Silberlinge, schätze ich.

Spock *(jetzt wieder über dem Instrument gebeugt, aufgeregt)*: Captain, die ganze Vorderseite ist rot mit weißer Aufschrift!

Kirk *(springt auf)*: Fortuna Düsseldorf?

Spock: Nein, Space-Cola!

Kirk *(ärgerlich)*: Scheiße!

Chekov *(dienstbeflissen)*: Aye, aye, Captain.

Uhura *(holt Ei und Eierbecher aus der Tasche und stellt beides vor sich auf den Tisch)*

Kirk *(verzweifelt)*: Mist, das hält das Vaterunser nicht aus! Uhura, haben wir schon Kontakt?

Uhura *(aufgeregt, ängstlich)*: Nein, Captain, alle anderen Schiffe haben uns im Stich gelassen!

Kirk *(entmutigt, enttäuscht)*: Wir allein gegen dieses Monster ... Welche Chance haben wir noch, bevor wir bekehrt werden?

Spock *(aufgeregt)*: Vorsicht, Captain, sie schießen mit der Zitaten-Kanone!

(über Bühnenlautsprecher laut): Die Kirche ist aidskrank durch ihre Hurerei mit dem Zeitgeist und wir sind angesteckt.

(Alle stöhnen gequält auf)

Kirk: Halten die Schutzschilde?

Spock: Aye, aye, Sir!

Uhura *(holt Ei und Eierbecher aus der Tasche und stellt beides vor sich auf den Tisch)*

(über Bühnenlautsprecher laut): Letztes Ziel allen Hingegebenwerdens an die Folgen der Sünde ist die Heimsuchung.

Kirk *(schon verzweifelt)*: Was haben wir nur getan, daß sie uns heimsuchen?

Chekov *(am Instrument)*: Sie verfolgen uns wegen unserer Sünden, Sir!

(über Bühnenlautsprecher laut): Nun kommt aber das andere hinzu. Das Kreuz hat nicht nur einen Längsbalken. Der ist zwar der entscheidende. Aber an ihm hängt ein Querbalken. Klar - ohne Längsbalken hinge der Querbalken in der Luft.

(Alle schreien auf und halten sich den Kopf mit beiden Händen)

Kirk: Spock, wie lange halten unsere Schutzschilde den Beschuß noch aus?

Spock *(nach Blick auf Instrument, sachlich, ernst)*: Die Barmer Thesen sind ausgefallen, aber das Glaubensbekenntnis hält noch.

Kirk *(fast verzweifelt)*: Wie können wir uns retten? Welche Sünden meinen sie bloß? *(zögert, überlegt)* Uhura, das Sündenregister!

Uhura *(reicht ihm mit schnellem Griff eine »Checkliste«)*

Kirk *(liest Stück für Stück vor)*: »Wiederholter öffentlicher Einsatz für die Ordination von Frauen ...«

Alle anderen *(reagieren erschreckt, betroffen und psalmodieren)*: Wir haben gesündigt wider den Geist der Bekenntnisbewegung, wir bereuen ...

Kirk *(liest Stück für Stück vor)*: »Wiederholter öffentlicher Einsatz für die Segnung von Homosexuellen ...«

Alle anderen *(reagieren erschreckt, betroffen und psalmodieren)*: Wir haben gesündigt wider den Geist der Bekenntnisbewegung, wir bereuen ...

Kirk *(liest Stück für Stück vor)*: »Nachweislich mehrmalige Teilnahme am Deutschen Evangelischen Kirchentag ...«

Alle anderen *(reagieren erschreckt, betroffen und psalmodieren)*: Wir haben gesündigt wider den Geist der Bekenntnisbewegung, wir bereuen ...

Kirk *(liest Stück für Stück vor)*: Förderung des Satanskultes durch klammheimliches Abspielen von Rockmusik in den sanitären Anlagen eines christlichen Raumschiffes ...

Alle anderen *(reagieren erschreckt, betroffen und psalmodieren)*: Wir haben gesündigt wider den Geist der Bekenntnisbewegung, wir flehen um eine Teufelsaustreibung ...

Kirk *(erschreckt, entsetzt)*: Abtreibung?

Alle anderen *(überzeugt, wie als Schlachtruf)*: Abtreibung nie! Schützt das ungeborene Leben!!

Kirk *(laut)*: Die Bundesgesundheitsministerin warnt: Außereehelicher Geschlechtsverkehr gefährdet Ihre Gesundheit!

(Alle laufen zu den Eiern auf dem Tisch und ziehen ihnen Pudelmützen über)

Kirk: *(unsicher)* Vielleicht halten sie uns jetzt für christlicher.

(über Bühnenlautsprecher laut): Christlich kann man nicht steigern. Ebensowenig wie Eiche. Etwa in der Art: Eiche, Eichener, Am Eichesten.

(Sie krümmen sich vor Schmerzen, Uhura reißt sich den Kopfhörer runter)

Chekov *(nachdenklich)*: Captain, in meiner Heimat gibt es eine alte Waffe, die uns vielleicht helfen kann!

Kirk *(erschreckt, ängstlich)*: Sie meinen die LETZTE HOFFNUNG?

Chekov *(ernst, zu allem entschlossen)*: Ja.

Kirk *(willigt widerwillig ein)*: Es ist unsere einzige Chance ... *(richtet sich energisch im Sitz auf)* Alarmstufe lila!

(Alle setzen sich aufrecht und machen kurz HUIHUIHUIHUI. Kirk holt einen Strang Knoblauch aus einer Erste-Hilfe-Kiste, hält ihn vor sich und rennt damit zum Bühnenrand.)

Werner Zupp

Glaubensbekenntnis

Lassen Sie mich Ihren gemeinsamen Unglauben bekennen; ich bitte Sie, dazu sitzen zu bleiben:

Ich glaube an Gotthilf Fischer
den Schöpfer der Stadionchöre und Massengesänge
und an meinen angeborenen Hohn und Spott
empfangen vom eisigen Geist
geboren aus Zynismus
gelitten unter radikaler Wahrheit,
gebranndmarkt,
gestorben
und vergraben
hinabgekrochen in das Reich meiner Seele
am dritten Tage auferstanden von dem Schweigen
aufgefahren in den Hinterkopf
es sitzt zur Rechten und zur Linken
von dort wird nichts kommen
zu errichten ein Leben, nur ein Töten
Ich glaube an die köstliche Küche
Gemeinschaft der Meineidigen,
Vergessen der Sünden
Auferlegen von Schulden
und das ewige Amen.

Die Wi(e)derlacher

Kyrie eleison

Melodie: *Morgenglanz der Ewigkeit* (EG 450)

Sorgen bis in Ewigkeit.
Atommüll geht nicht zunichte.
Schickt uns jetzt und allezeit
seine Strahlen zum Gerichte.
Treibt uns ganz durch seine Macht
in die Nacht.

Gottes Güte richtet's schon,
sagt uns unser matt Gewissen.
Dafür starb uns ja sein Sohn.
Wir hab'n nun ein Ruhekissen.
Gott erquickt uns, seine Schar,
immerdar.

Gott, vergib uns unsre Schuld,
daß wir an dich billig glauben.
Deine Allmacht, deine Huld -
das mußt du uns erstmal rauben.
Gib stattdessen Angst und Wut
und auch Mut.

Leuchte uns in unsrer Welt,
zeige uns die nöt'gen Werke.
Laß uns tun, was nicht gefällt.
Gib zum Widerstand die Stärke.
Laß uns, eh' wir ganz vergeh'n,
jetzt aufsteh'n.

Zum 1. Artikel (Schöpfung)

Joint Venture

Es werde dun-

Draußen, ganz weit, am Ende der Zeit,
sitzt Gott in seiner Allmächtigkeit,
schaut entnervt auf das Gefunkel,
steht auf und spricht: es werde dun-

Franz Hohler

Die Schöpfung

Am Anfang war nichts außer Gott.
Eines Tages bekam er eine Gemüsekiste voller Erbsen.
Er fragte sich, woher sie kommen könnte, denn er kannte niemanden außer sich.
Er traute der Sache nicht ganz und ließ die Kiste einfach stehen, oder eher schweben.
Nach sieben Tagen zerplatzten die Hülsen, und die Erbsenkugeln schossen mit großer Gewalt ins Nichts hinaus.
Oft blieben dieselben Erbsen, die in einer Hülse gewesen waren, zusammen und umkreisten sich gegenseitig.
Sie begannen zu wachsen und zu leuchten, und so wurde aus dem Nichts das Weltall.
Gott wunderte sich sehr darüber. Auf einer der Erbsen entwickelten sich später alle möglichen Lebewesen, darunter auch Menschen, die ihn kannten. Sie schrieben ihm die Erschaffung des Weltalls zu und verehrten ihn dafür.
Gott wehrte sich nicht dagegen, aber grübelt bis heute darüber nach, wer zum Teufel ihm die Kiste mit den Erbsen geschickt haben könnte.

Joint Venture

Der Tag des Herrn

Am ersten Tag schuf Gott, der Herr, das Licht.
Weiter kam der gute Mann trotz aller Allmacht leider nicht.
Den Himmel nur am zweiten Tag, am dritten bloß das Land.
Paar Bäumchen grade noch, mehr bracht' er nicht zustand'.
Den vierten Tag verbrauchte er für Sonne, Sterne, Mond.
Tag Fünf für Fische und die Vögelein,
da hat er sich geschont.
Am sechsten Mensch und Rest der Tierwelt hingefummelt.
Und den siebten dann
in seinem stolzen Übermut verbummelt.

Was kann so'n Gott nicht alles schaffen in 24 Stunden,
aber er hat sein Werk einfach für gut befunden.
Legte sich zur Ruhe und wollte nichts mehr wissen.
Und wir Geschöpfe sind jetzt gottseidank
ganz schön angeschissen.

Wär' ich der Herr gewesen, dann wär' die Welt nicht so.
Die Menschen wären sattgefressen, friedlich, frei und froh.
Die Blinden könnten seh'n, und die Lahmen könnten geh'n.
Das bißchen Arbeit, das noch bliebe,
würd' von selber geschehn.
Saufen wär' gesund und vom Singen könnt' man leben.
Es hätte fraglos noch 'ne Menge zu verbessern gegeben.
Als Gott muß man 'was raushol'n aus seinem Potential.
Da muß man auch mal sonntags 'ran,
aber ihn konnten ja alle mal.

Zum 1. Artikel (Schöpfung)

Was kann so'n Gott nicht alles schaffen in 24 Stunden,
aber er hat sein Werk einfach für gut befunden.
Legte sich zur Ruhe und wollte nichts mehr wissen.
Und wir Geschöpfe sind jetzt gottseidank
ganz schön angeschissen.

Im Grund ist sein Versagen ja kein selt'nes Phänomen,
auch der Mensch, nach seinem Bild geschaffen,
läßt sich gern mal geh'n.
Schaut stolz auf jeden Scheißdreck, den er produziert.
Auch wenn der Haufen stinkt, er lächelt fasziniert.
Und er kann als Schöpfer auf den ganzen Kosmos seh'n.
Das funkelt ja so schön, wie sollts ihm anders geh'n.
Den siebten Tag beschließt er zu verpennen
und ihn den Tag des Herrn zu nennen.

Was kann so'n Gott nicht alles schaffen in 24 Stunden.
Aber er hat sein Werk einfach für gut befunden.
Legt sich zur Ruhe und wollte nichts mehr wissen.
Und wir Geschöpfe sind jetzt gottseidank
ganz schön angeschissen.

Dies Lied endet wie so manches mit einer Moral.
Wir waren unserm Herrn von Anfang an ziemlich egal.
Das steht gleich auf der ersten Seite von dem dicken Buch.
Ich mach es wieder zu. Das sagt mir schon genug.

Was kann so'n Gott nicht alles schaffen in 24 Stunden.
Aber er hat sein Werk einfach für gut befunden.
Legte sich zur Ruhe und wollte nichts mehr wissen.
Und wir Geschöpfe sind jetzt gottseidank
ganz schön angeschissen.

Dieter Meimbresse

Rechtfertigungsrede des paradiesischen Wurms am Erntedanktag 95

Wir befinden uns im Jahre 2525 n. Chr. (bzw. i. J. 7777 nach Gründung des Paradieses). Wie Sie sehen - bin ich ein Wurm. Kein gewöhnlicher Wurm. Der St. Lukas-Wurm. Ich saß in jener berühmten Frucht im Garten Eden, von der die Bibel erzählt. Es soll ja, aufgrund späterer Erkenntnisse, ein Apfel gewesen sein, der zum Baum der Erkenntnis des Guten und Bösen gehörte. In dieser besagten Frucht hatte ich - der Öko-Wurm - mein gemütliches Zuhause. Ich ahnte ja nicht, auf was ich mich da eingelassen hatte. Der Chef war ja eigentlich sehr liberal. Der erste Ureinwohner im Paradies - ein gewisser Herr Adam - konnte sich frei bewegen und durfte alles gratis nutzen. Er lebte zunächst als Single, da seine spätere Lebensgefährtin - Frau Adam - auch Eva genannt - erst nach dem Verbot vom großen Boß aus Adams Rippe gebaut wurde. Ich weiß noch genau, was der Herr damals zu dem einsamen Adam gesagt hat: *(andere tiefe Stimmlage)* »Du darfst essen von allen Bäumen im Garten, aber vom Baum der Erkenntnis des Guten und Bösen sollst du nicht essen; denn an dem Tage, da du von ihm issest, mußt du des Todes sterben.«
So streng habe ich den Schöpfer vorher noch nicht erlebt.

Doch - wie Sie wissen - half das ja nichts. Die schlimmste Katastrophe der Menschengeschichte begann. Und keiner wollte schuldig sein: Adam nicht - Eva nicht - die Schlange nicht und Gott? Der war tierisch sauer und hat alle aus dem Paradies rausgeschmissen. Adam sollte nun selbst malochen.

Wo bzw. ob die beiden dann Asyl bekommen haben, das weiß ich nicht. Ich durfte jedenfalls bleiben und konnte herrlich leben. Die ein paar tausend Jahre sind so schnell vergangen, und mit dem paradiesischen Leben ist es vielleicht auch bald zu Ende.

Die ungeklärte Schuldfrage soll neu verhandelt werden. Und nach offizieller Anklage soll der Apfel für schuldig befunden werden.

Und ich hänge in dem ganzen Prozeß voll mit drin. Ich habe aus dem himmlischen Sphären Wind bekommen. Man hat ja so seine Kontakte. Der Apfel ist für mich unschuldig. Ich plädiere auf Freispruch. Es gibt keine besonderen Unterschiede zwischen den vergleichbaren Obstsorten. Alle sind aus biologischem Anbau.

Ich habe da meine eigene Auffassung. Die ganze Sache mit dem großen Chef diente ausschließlich als Alibi, um die zwei arbeitslosen und herumstreunenden Nudisten aus dem Paradies legal ausweisen zu können.-

Gott droht *(andere tiefe Stimmlage)*: »Wenn du Wurm ›St. Lukas‹ mit diesen elenden Verleumdungen nicht sofort aufhörst, fliegst du sofort aus dem Garten Eden.«

Ich bin ja schon ganz ruhig!

Anmerkung: Die Idee stammt von E. Kishon. Die Szene wird von einer Person mit hoher Stimme für den Wurm und tiefer Stimme für Gott gespielt. Der rechte Arm dient als Handpuppe (grüner langer Strumpf, vorne Gesicht mit Augen, Zunge etc.) Der Spieler steht hinter einer Pappwand. Die Zuschauer sehen einen großen roten Apfel, der in der Mitte eine Öffnung hat, durch die der Wurm langsam in Erscheinung kriecht, um mit der Rede zu beginnen.

ASC

Der Weg zum Paradies

Wir fühlten uns einfach ein bißchen zu nackt,
darum haben wir uns schnell in Felle gepackt,
haben Saurier täglich zum Frühstück gejagt
und bei jeder Gelegenheit Mammuts gefragt:

Entschuldigung, ist dies
der Weg zum Paradies?

Als Römer haben wir Pizza geschmaust,
als Germanen sind wir durch die Wälder gesaust.
Unser Hunnenverein hat Europa geplagt,
und wir haben als fahrende Ritter gefragt:

Entschuldigung, ist dies
der Weg zum Paradies?

Als Landsknechte zogen wir mordend durchs Land,
und als Christenleute haben wir Ketzer verbrannt.
Ja, wir haben auch Revolutionen gewagt ...
Und danach wieder uns'ren Kaiser gefragt:

Entschuldigung, ist dies
der Weg zum Paradies?

Wir haben das Leben mechanisch gemacht
und mit Leidenschaft schreckliche Kriege entfacht,

sind dem Geld und der Macht wie verrückt nachgejagt
und haben uns nur manchmal heimlich gefragt:

Entschuldigung, ist dies
der Weg zum Paradies?

Die Erde ließ das alles mit sich gescheh'n,
doch nun macht sie sich bereit, einfach unterzugeh'n ...
seit Jahrtausenden hat sie sich mit uns geplagt -
aber glaubst du, irgendeiner hätte die Erde mal gefragt?!

Entschuldigung, ist dies
der Weg zum Paradies?

Die Kreuztreter

Doppelt verglast oder: Einfach nur falsch belichtet?

Presbyteriumssitzung (in der Mitte Schild »Vorsitzender«, der jeweilige Vorsitzende wechselt in die Mitte, nur die Rollen von Frau Ökopax und Pastor bleiben)

H: So, dann können wir die Sitzung für heute schließen.

Ö: Aber es muß doch noch ein Antrag von der Umweltgruppe zur Doppelverglasung des Gemeindehauses vorliegen? Ich dachte, der kommt noch unter Verschiedenes.

H: Mir ist kein solcher Antrag bekannt *(blättert in Unterlagen)*, vielleicht ist er wirklich verschieden. Die Sitzung ist damit geschlossen.

(Schild umklappen: 2 MONATE SPÄTER. *Während des Umklappens werden die Plätze getauscht, immer leise geschwätzt)*

E: So, unter TOP 3 liegt jetzt noch ein Antrag der Umweltgruppe auf Doppelverglasung unseres Martin-Luther-Hauses vor. Allerdings habe ich ihn erst gestern vom Gemeindeamt auf meinen Schreibtisch bekommen. *(Alle stöhnen, schauen demonstrativ auf die Uhr.)* Wenn ich allerdings auf die Uhr sehe, muß ich feststellen, daß die Zeit, die wir uns für die Presbyteriumssitzung nehmen wollten, vorbei ist.

Ö: Ich bitte darum, diesen Antrag in der nächsten Sitzung als einen der ersten Tagesordnungspunkte aufzurufen.

E: Selbstverständlich. *(Schild umklappen:* 4 MONATE SPÄTER*)*

W: Wir kommen zu TOP 8: Die Umweltgruppe beantragt eine Doppelverglasung des Martin-Luther-Gemeindehauses. Begründung: ...

P: Die Begründung können Sie sich sparen. Der Etat für das Gemeindehaus ist für dieses Jahr bereits ausgeschöpft. Wenn die Gruppe ihren Antrag rechtzeitig zur letzten Sitzung eingereicht hätte ...

Ö: Aber..

W: Bitte reichen Sie Ihren Antrag in 11 Monaten rechtzeitig zu den Etatberatungen ein. Die Sitzung ist geschlossen. Lasset uns den Herrn um seinen Beistand anrufen ...

(Schild: 11 MONATE SPÄTER*)*

H: Wir kommen zu Punkt 3 der Tagesordnung. Die Umweltgruppe beantragt eine Doppelverglasung des Gemeindehauses. Begründung: ...

P: Die Begründung können Sie sich sparen. Das ist eine Angelegenheit des Bauausschusses.

H: O.k., wer ist für die Überweisung des Antrags an den Bauausschuß, *(zählt)* wer ist dagegen, wer enthält sich? Ah, Frau Ö. Also: Angenommen bei einer Enthaltung. Nächster Tagesordnungspunkt ...

Ö: Wann tagt denn der Bauausschuß?

H: Oh, Pech, der hat erst vor 2 Wochen getagt und tagt erst wieder in knapp acht Monaten. Sie wissen ja alle, wie knapp bemessen die Zeit unseres Baukirchmeisters ist.

(Schild: 8 MONATE SPÄTER*)*

E: Wir kommen zu Tagesordnungspunkt 5. Zum Antrag der Umweltgruppe ist inzwischen eine Stellungnahme des Bauausschusses eingegangen. Sie lautet folgendermaßen: »Um die Wirtschaftlichkeit der Doppelverglasung zu beurteilen, schlägt der Bauausschuß vor, ein Energiegutachten erstellen zu lassen.«

Ö: Ich schlage vor, über den Antrag selbst abzustimmen, damit nicht noch eine weitere Heizperiode ...

P: Antrag zur Geschäftsordnung: Es liegt kein schriftlicher Antrag vor, also: Vertagung auf die nächste Sitzung.

E: Gegenrede? Ich stelle fest, das ist nicht der Fall. Damit müssen wir über den Antrag zur Geschäftsordnung abstimmen. Wer für Vertagung ist, hebe die Hand. Das ist die Mehrheit. Und nun zum Antrag des Bauausschusses: Wer ist dafür, ein Energiegutachten über die Doppelverglasung des Martin-Luther-Hauses ... Gegenstimmen? Keine. Enthaltungen, Frau Ökopax. Dann ist der Antrag auf Erstellung eines Energiegutachtens bei einer Enthaltung angenommen. Tagesordnungspunkt 6 ...

(Schild: 12 MONATE SPÄTER*)*

W: Zu dem Antrag der Umweltgruppe auf Doppelverglasung im Gemeindehaus liegt jetzt das Energiegutachten vor: die Doppelverglasung ist nicht nur ökologisch, sondern vor allem auch ökonomisch sinnvoll. Damit stimmen Gutachten und Antragsbegründung der Umweltgruppe überein. Sehr gute Arbeit, Frau Ökopax. Ich will diese Gelegenheit auch gerne einmal nutzen, um den ehrenamtlichen Mitarbeitern dieser Gemeinde ein herzliches Dankeschön zu sagen. Heutige Gemeindearbeit wäre ohne solch unermüdlichen Einsatz gar nicht denkbar. *(Alle klopfen.)*

P: Leider ist der Etat für das Gemeindehaus in diesem Jahr bereits restlos ausgeschöpft.

(Schild: 10 Monate später. Das Schild VORSITZENDER *wird weitergegeben. Frau Ökopax steht währenddessen auf und geht raus.)*

H: Meine Damen und Herren, lieber BrüderInnen und SchwesterInnen, ich muß Ihnen mitteilen, daß Frau Ökopax nach der letzten Sitzung aus der evangelischen Kirche ausgetreten ist. Nachvollziehen kann ich ihren Schritt allerdings nicht. In welcher Kirche haben Laien denn sonst noch solche Möglichkeiten, wirklich mitzubestimmen? Wir verlieren in ihr einen wackeren Streiter für die Sachen des Umweltschutzes, ihr waches Gewissen wird uns sehr fehlen. Leider hat sich im Anschluß an den Austritt die Umweltgruppe aufgelöst. Damit ist auch der Antrag auf Doppelverglasung des Martin-Luther-Hauses gegenstandslos. Im Gedenken an die Bewahrung der Schöpfung, die Frau Ökopax doch so am Herzen lag, aber auch im Sinne der Landeskirche, die ja seit Jahren einen überlegteren Umgang mit der Energie fordert, schlage ich vor, daß wir ihr unter Umgehung aller eventuellen bürokratischen Hemmnisse eine Energiesparlampe im Foyer widmen. Wer ist für diesen Antrag? Ich stelle fest, das sind alle. Damit ist der Beschluß gefaßt. Die Sitzung ist beendet.

Hartmut Handt (Die Kirchenläuse)

Der Mond ist aufgegangen

Melodie: *Der Mond ist aufgegangen* (EG 482)

Der Mond ist aufgegangen,
die gold'nen Sternlein prangen
am Himmel hell und klar ...

Der Wald steht tot und schweiget,
und aus den Wiesen steiget
die Gülle, überdüngt.
Die Seen und Flüsse sterben.
Wir werden sie vererben.
Es ist nicht nur das Geld, das stinkt.

Ein Loch entsteht am Himmel,
auf Erden herrscht Gewimmel
von Leben, das nicht zählt.
Die Temperaturen steigen,
und unsere Taten zeigen
den final countdown für die Welt.

Was haben wir verbrochen?
Was ist aus uns gekrochen?
Was hab'n wir getan?
Wir eitlen armen Sünder –
was bleibt für unsere Kinder?
Was haben wir getan?

Steigt nun in eure Nester,
du, Bruder, und du, Schwester.
Wen rührt der Umweltschmutz?
Verschon uns, Gott, mit Strafen,
laß uns nicht ruhig schlafen,
die Welt krepiert am Eigennutz.

Gott, laß dein Heil uns schauen,
auf nichts Vergänglich's bauen,
und nimm uns vor uns selbst in Schutz.

ZUM 2. ARTIKEL (JESUS)

Wolfram Behmenburg (KLÜNGELBEUTEL)

Wer war Jesus?

Beiträge zu einer Theologiegeschichte des 20. Jahrhunderts

Fragen wir Käsemann: War er ein Ketzer?
Fragen wir Sölle: War er Soldat?
Fragen wir Schweitzer: War er ein Schwätzer?
Fragen wir Stuhlmacher: Hielt er zum Staat?
Fragen wir schließlich Loriot:
Ach, nein, der lügt ja sowieso!

Fragen wir Moltmann: War er ein Meister?
Fragen wir Barth: Oder Bäckergesell?
Fragen wir Gollwitzer: Wo kam sein Geist her?
Fragen wir Kreck: War er kriminell?
Fragen wir Willi: Und was meinst du?
Ach, der Willi hört wieder mal gar nicht zu!

Zum 2. Artikel (Jesus)

Fragen wir Harnack: War er ein Heide?
Fragen wir Bultmann: Oder Buddhist?
Fragen wir Bonhoeffer: Gar alles beide?
Fragen wir Drewermann: War er Drogist?
Fragen wir dich, lieber Leser, nun auch:
Ach, nein, du stehst ja total auf'm Schlauch!

N8chtschicht
Dürfen junge sportliche Frauen
eigentlich Lust auf Jesus haben?
Ich heiße Silvia Bernstein, bin 28 Jahre alt
und find' Jesus unheimlich gut.
Allerdings – leicht muß er sein.
Jesus light!
Der ist so leicht, der geht sogar auf Milch.
Jesus light!
Die deutschen Kirchen: Aus Erfahrung Gott!

Die Doofen (Wigald Boning & Olli Dittrich)

Jesus, Jesus

Jesus war ein guter Mann
der hatte einen Umhang an
Jesus war ein flotter Typ
den hatten alle Leute lieb

Jesus hatte langes Haar
und braune Augen - wunderbar
Jesus hatte Latschen an
wie kein anderer Mann

Ref.: Jesus, Jesus, du warst echt o.k.
Jesus, Jesus, every time fair play!

Jesus war ein Wandersmann
am liebsten auf'm Ozean
ja, und seine Zaubershow
die hatte wirklich Weltniveau

Ja, aus Wasser da machte er Wein
wer will da nicht sein Kumpel sein?
Aus einem Brötchen da wurden zwei
Mensch, da komm doch nochmal vorbei!

Ref.: Jesus, Jesus, du warst echt o.k.
Jesus, Jesus, every time fair play!

N8chtschicht

Hömma – ist datt nich Jesus?

Kaum häng ich hier und singe, kommen sie von nah und fern.
Und sie wollen an mir beten, ja, sie haben mich halt gern.
Komm auch du!
Glaube auch du an mich!
Oh yeah, yeah!

Hol dir den unglaublichen Glaubensspaß!

Der unglaubliche Glaubensspaß!

Die deutschen Kirchen: Aus Erfahrung Gott!

Die Kneifer

Die Wunder des Herrn im 20. Jahrhundert

1. Frau: Ich wünsche mir, daß Jesus heute, in unserer Zeit leben würde. Dann würden alle Menschen an ihn und seine Lehre glauben!
2. Frau: Da bin ich mir nicht so sicher, Frau Puvogel!
1. Frau: Was meinen Sie, Frau Bleibtreu, wenn Jesus heute - wie damals bei der Hochzeit zu Kana - Wasser in Wein verwandeln würde!
2. Frau: Dazu braucht man Jesus nicht, das schaffen unsere Winzer mit ein bißchen Säure und Zucker alleine.
1. Frau: Oder nehmen Sie den wunderbaren Fischfang. Damals schickte Jesus den Petrus und den Andreas über den See. Denen gingen so viele Fische in das Netz, daß die Netze rissen.
2. Frau: Aber nur, weil sie damals noch kein Nylon hatten.
1. Frau: Aber was meinen Sie, Frau Bleibtreu, wen Jesus heute aussenden würde?
2. Frau: Sicher den Papst und seine Bischöfe! Das muß dann aber ein sehr tragfähiges Boot sein.
1. Frau: Wegen der vielen Fische ...
2. Frau: Nein, wegen der Bischöfe! *(zeigt einen großen Leibesumfang an)*
1. Frau: Und was meinen Sie, werden die Leute staunen, wenn unsere heutigen Fischer mit ihrem Wunderfang nach Hause kommen.
2. Frau: Das glaube ich auch. Da erleben alle ihr blaues Wunder. Volle Netze! Zum Zerreißen voll mit alten Autoreifen, verrosteten Kinderwagen, alten Fahrrädern, kaputten

Fernsehern, Kühlschränken und Radios.

1. Frau: Sie machen sich wohl über die Bibel lustig, voller Fische!

2. Frau: Aus dieser dreckigen Brühe würde selbst Jesus keinen Fisch mehr herausbekommen.

1. Frau *(verzückt)*: Und stellen Sie sich mal vor, Jesus würde zu dem Lahmen gehen, der immer am Hauptbahnhof auf der kalten Erde sitzt, und würde ihm sagen: Mein Sohn, deine Sünden sind dir vergeben, steh auf und nimm dein Bett und geh nach Hause!

2. Frau: Der würde ganz schön sauer werden und antworten: 1. bin ich nicht dein Sohn, 2. gehn meine Sünden dich gar nichts an. 3. versaust du mir mein gutes Geschäft, 4. hab ich mein Bett nicht dabei und 5. verdirbst du mir durch die Heilung meine gute Schwerbeschädigtenrente und ich kann arbeiten gehn!

1. Frau: *(noch verzückter)*: Und was meinen Sie, wenn Jesus zu dem Berg dort sagen würde, heb dich hinweg, denn es steht geschrieben, daß der Glaube Berge versetzen kann!

2. Frau: Der Bürgermeister würde fluchen, welcher trottelige Beamte konnte schon wieder den Bebauungs- und Flächennutzungsplan nicht richtig lesen und hat den Müllberg, den wir in jahrelanger Arbeit dort errichtet und so gut wie möglich vor der Öffentlichkeit versteckt hatten, wegbaggern und auf die Stelle kippen lassen, wo wir das neue Schwimmbad bauen wollten.

1. Frau: Und was meinen Sie, würde der Pastor sagen, wenn Jesus in die Kirche käme und dort hinten all die Postkartenverkäufer, Beitragssammler und Zeitschriftenhändler mit der Peitsche aus der Kirche treiben würde wie weiland Jesus die Händler aus dem Tempel.

2. Frau: Der Pastor würde Zeter und Mordio schreien und sagen: Wie soll ich denn meine neuen Glocken, mein

Gemeindehaus, die Kirchenausmalung und den Friedhof finanzieren, wenn du, o Herr, mir meine sprudelnden Einnahmequellen wegnimmst.

1. Frau *(verzückt mit gefalteten Händen)*: Und wie herrlich wäre es, wenn Jesus wieder sagen würde, lasset die Kindlein zu mir kommen!

2. Frau *(verwundert)*: Welche Kindlein?

1. Frau: Da laufen doch ein paar!

2. Frau: Dann müßte er aber serbokroatisch oder türkisch sprechen, sonst verstehen ihn die Kinder nicht und würden ihn für einen Mitschnacker halten.

1. Frau: Also, wenn ich Sie so höre, könnte man der Meinung sein, daß es gar nicht viel Sinn hätte, wenn Jesus heute nochmals auf die Erde käme?

2. Frau: Genau. Jesus war einmal auf der Erde. Das genügt. Er hat getan und gesagt, was nötig ist. Wir brauchen keine Wunder, nur überzeugte Christen ...

1. Frau: Ja, wenn sie die hier finden würden, das wäre wohl ein Wunder ...

Joint Venture

Der Heiland an der Wand

Die Kirche in ihrem Unverstand
erfand den Heiland an der Wand.
Die mit dem ewigen Leben werben,
lassen den Armen so ewig sterben.

Die Wi(e)derlacher

Liebeserklärung an Jesus

Ick weeß nich mal, wann du jeboren bist
so irgendwann um Null,
wahrscheinlich etwas ehr.
Und wo?
In Betlem?
Nee, dett glob ick nich.
Wo janz jenau, dett weeß nu keener richtig mehr.
In Betlem kam schon mal eener zur Welt,
der erster wurde:
David uff seim Thron.
Wer ihn nu groß find, sagt: »Nur hier! Wo sonst?«
Und ooch der Stall paßt zu dem armen Davidssohn.
Ick weeß ooch nich, wann er jestorben ist.
Als er so dreißig war, da machten sie ihn kalt.
Und ick hätt dir, grad dir, so sehr jejönnt
dett du in Frieden stirbst, so achtzig Jahre alt
im Bett und satt vom vollgelebten Leben,
und nicht am Kreuz, von den' da oben uffgestellt
zu deiner Schande.
Doch es kam janz anders;
es wurd' zur Schande für die Herren in der Welt.
Ick weeß ooch nich, watt hatta eijntlich selber,
ick mein, so janz mit seinem eijnen Mund jesagt.
Detta Messias ist? Ne eijne Kirche gründet?
Und detta uffsteht ausm Grab, wenns zweimal tagt?
Dett ham ihm doch die späten Freunde allet
in seinen Mund jelegt;

denn ihrer floß ihn 'über!
Ihr Herz war voll, weil er ett ihn jefüllt hat!
In ihrem Wort nu kommta heute zu uns rüber.
Ick weeß nich, wann und wo de watt jemacht hast.
Ick gloob nich allet, watt ick les und man mir sagt.
Obwohl icks schade find, denn Wein aus Wasser,
dett wärn Hit jewesen und er wärt jefragt.
Ick weeß so vielet nich und kanns nich wissen.
Doch spür ick deutlich: du tust mir und andern jut.
Du hast so vielen Leuten dett jejeben,
watt ihn abhanden war und watt se brauchen: Mut,
Mut endlich einmal JA zu sagen zum Leben,
zum eijnen, ooch zum fremden, selbst zu dem vom Feind,
und emso deutlich NEIN zu dem, was tötet.
So wächst die Macht der Liebe, die ins Dunkle scheint.
Ick weeß nich, warste eijntlich blond jewesen
und groß?
Ick gloobe nich. Doch nich zwei Meter zehn!
Du merkst: wir wissen jarnich viel, nur eines:
Wir findn dich groß
mit deinem Herzen für die Kleen'.

Gerhard Schöne

Jesu, meine Freude

Melodie: *Jesu, meine Freude* (EG 396)

Jesu, meine Freude, meines Herzens Weide.
Jesu, wahrer Gott.
Wer will dich schon hören, deine Worte stören
den gewohnten Trott.
Du gefährdest Sicherheit!
Du bist Sand im Weltgetriebe.
Du mit deiner Liebe.

Du warst eingemauert; du hast überdauert,
Lager, Bann und Haft.
Bist nicht tot zu kriegen, niemand kann besiegen
deiner Liebe Kraft.
Wer dich foltert und erschlägt,
hofft auf deinen Tode vergebens,
Samenkorn des Lebens.

Jesus, Freund der Armen, groß ist dein Erbarmen
mit der kranken Welt.
Herrscher gehen unter, Träumer werden munter,
die dein Licht erhellt.
Und wenn ich ganz unten bin,
weiß ich dich an meiner Seite.
Jesu, meine Freude.

ZUM 3. ARTIKEL (KIRCHE)

Die Kneifer

Ein Kreuz mit dem Kreuz

P: Pastorin
E: Evangelikale
C: Charismatiker
M: Mann

P: Wieder nur vier! *(seufzend)*
E: Das liegt nur an Ihnen. Und überhaupt: Wie Sie sonst hier immer herumlaufen. Ins Himmelreich kommt nur, wer ein hochzeitliches Gewand trägt, steht in der Bibel!
P: Ein Himmelreich ist unsere Gemeinde wahrlich nicht.
M: Sie sollten mit Ihren pausenlosen Bibelsprüchen aufhören.
C: Bibelsprüche sind ja gut, es müssen nur die richtigen sein. Das Lob des Herren will ich verkünden durch Kindermund.

E: Damit dokumentieren Sie doch nur mal wieder, wie kindisch Sie sind.
P: Also seit ich hier dynamisch rangehe, hat sich der Gottesdienst immerhin verdoppelt.
E: Und deine Nachkommen werden so zahlreich sein, wie die Sterne am Himmel.
M: Dann haben wir 'ne Vier-Sterne-Kirche.
P: Naja, das ist ein Trost. Jesus hat mit einem Stern angefangen.
C: Wir müssen mehr auf die Menschen zugehen.
P: Wir müssen mehr am politischen Leben teilnehmen.
M: Wir müssen unsere Sozialarbeit verstärken.
E: Wir brauchen das Wort, das reine Wort und nichts als das Wort.
M: Das ist doch ein Kreuz mit Ihnen.
E: Richtig ein Kreuz. 3 Meter hoch in unsere Kirchentür gestellt. Mit einem großen Schild: Das habe ich für dich getan, was tust du für mich?
P: Meinen Sie, er ist fertig?
M: Der Mann ist wirklich fertig.
E: Daran kommt keiner vorbei!
M: Das glaub' ich auch!
P: Das ist doch pervers und abschreckend.
E: Weib, was habe ich mit dir zu schaffen?
C: Sagen Sie das zu ihrer neuen Bischöfin auch?
E: Bischöfin. Da kann ich doch nur herumjepsen! Das ist gegen die wahre Lehre.
P: Ein Mittel gegen die Leere wäre mir ganz recht.
E: Die Bibel sagt, als Gemeindeleiter wähle nur Männer aus.
M: Die können sich gar nicht so tief bücken, um an ihrem Kreuz vorbei zu kommen.
E: Dann sind sie wenigstens gleich in demütiger Haltung.
P: Wir müssen doch Christen irgendwie kenntlich machen.

C: Aber woran erkennt man denn eine christliche Gemeinde?

E: An ihren Taten sollst du sie erkennen.

C: Meinen Sie unser frischgemaltes Rauchverbotschild an der Gemeindesaaltür?

M: Dabei ist rauchen doch absolut biblisch.

E: Bitte?

M: Er brachte dem Herrn ein Rauchopfer dar.

E: Den Spruch können Sie nur aus der Katholenkaschemme gegenüber haben.

M: Ja, und?

E: Die ist sonntags nach der Messe immer so vollgequalmt, daß sich kein anständiger Christ hereintrauen kann.

P: Wer qualmt denn da?

E: Öh, ehm, die Katholiken.

P: Ne Zigarette schmeckt nun mal am besten zum Bier.

M: Ha, dann brauchen wir ja auch keine Zigaretten im Gemeindehaus, schließlich ist da Alkoholverbot.

C: Richtig, wir brauchen geistige Inhalte und keine geistigen Getränke. Jesus und ich wären auch dagegen.

M: Stimmt nur zur Hälfte. Immerhin hat Jesus auf der Hochzeit zu Kana Wasser in Wein verwandelt.

E: Erstens war das ein Wunder, und zweitens war das Traubensaft.

P: Genau wie bei unserem alkoholfreien Abendmahl.

M: Wenn man davon voll wird, dann ist das *auch* ein Wunder.

P: Ja, das wär' ein Wunder, wenn's hier voll wäre.

C: Das Gemeindehaus ist doch immer voll.

M: Richtig, montags die anonymen Alkoholiker.

P: Dienstags die Jazzdance-Gruppe.

E: Was hat das mit Kirche zu tun?

C: Die tanzen zu Gospelmusik.

M: Die können mittwochs gleich weiterhoppeln. Wenn die Heavy-Metal-Group für den Kirchentag probt.
P: Wenn die wenigstens mal im Gottesdienst spielen würden.
E: Damit treiben Sie doch nur mich ... die Massen aus der Kirche.
C: Aber wir müssen doch zu den Menschen gehen.
E: Quatsch. Die Bibel sagt: »Kommet zu mir, die ihr mühselig und beladen seid.«
P: Und dann strömen die Massen?
M: Ja, und stoßen sich an einem Drei-Meter-Kreuz die Nase ein.
C: Dann leiten wir sie halt in unsere Teestube um.
M: Ich glaube nicht, daß ausgerechnet die Beladenen bei Ihnen mitschweben können.
C: Dann haben die selber schuld.
E: Richtig, schuldig!
M: Gleich werfen Sie noch mit Steinen. Merken Sie nicht, daß wir endlich aufwachen müssen, wenn wir noch etwas retten wollen.
P: Um Gottes willen, nein, bloß nicht.
E: Warum?
P: Ich denke, Sie lesen soviel in der Bibel: Den Seinen gibt's der Herr im Schlaf.

Die Kreuztreter

Das Märchen von dem Land, in dem ohne Kirche alles ausnehmend wurde

Es war einmal ein Land zwischen Himmel und Hölle, zwischen rechts und links, zwischen Luther und Zwingli, in dem der Fremde fremd blieb, obwohl die Menschen dieses Landes überall sonst auch Ausländer waren. Und ein jeder dachte an sich und nur an sich, denn wenn jeder an sich dachte, dann war doch an alle gedacht, so wenigstens meinten die Christlichen, stoiberten mit süßem Mut in der Verfassung und schlossen sich der Mehrheitsmeinung an, die sie zuvor selbst erzeugt hatten. Diese Mehrheitsmeinung aber besagte, daß kein Platz sei in unserem reichen Lande und kein Geld in unserem Geldsäckel, weil doch der Mantel der Geschichte begann, alles zu verkohlen, was vor vierzig Jahren geschehen war. So gelang es den ethnischen Säuberern in Deutschland mit Brandfackeln und lautem Geschrei, dem Lande ein Asyl-Scheinproblem aufzudrängen. Da jedenfalls kinkelte der Herr Spieß, und Frau Bürger strich ihrem Gartenzwerg Helmut anerkennend über den Kopf. Währenddessen dreßlerten die Sozis unbeirrt einen glasklaren Schröder-Lafontaine-Scharping-Rau-Kurs. Die Kirchenoberen aber standen von ferne und schwiegen. Wohl redeten sie von einer christlichen Beistandspflicht, aber mit Herrn Spieß und Frau Bürger wollten sie sich auch nicht verkanthern. So boten nur wenige Gemeinden Fremden einen Raum in ihren Herbergen.

Und selbst Jesus hätte auf seiner Flucht vor Herodes in diesem unserem Lande nur dann eine Chance auf Asyl gehabt, wenn ein sprachloser Engel ihn eingeflogen hätte: In einer Welt, wo die Menschenrechte nur dort geachtet werden, wo die Menschen zu Hause sind, nicht aber da, wo Menschen hinfliehen, sind auch Engel sprachlos.

Und so lebte die Kirche von der »Würde«. ... Sie würde gerne entschlossener ... und parteilicher ... und solidarischer ... und entschiedener ... man beachte den Konjunktiv.

Es sah bitter aus im Herzogtum DeMark. Nicht mehr der vierte Platz in der Weltwirtschaftsliste, der fünfte bedrohte seinen geldgebeutelten Seelenfrieden. Aus Angst, eine Kirchensteuerminderheit zu werden, jagte die Kirche einer Mehrheit nach der anderen nach, ließ sich vom Staate aushalten, indem er ihr ihren Lohn eintrieb. Und als endlich keine Mehrheiten mehr da waren, denen es nachzujagen lohnte, da beerdigte die Kirche sich dann selbst. Und alle waren ausnehmend glücklich und zufrieden.

Es war ein schönes Land, ein Land, in dem Benzin und Diesel flossen in Strömen, in dem Brandstifter Grundrechte um- und umgruben, bis das Allerletzte herrschende Ansicht wurde.

Und die Sozialmatratze war ganz durchgelegen und lud nur noch die Herzogs und Kohls ein, einen Freizeitpark nach dem anderen mit Blümchen zu garnieren. Die Politiker durften jetzt ohne Widerspruch jeden Lull und Lall als der Weisheit letzten Schluß erzählen. Alle Leute konnten sonntags endlich ihren geliebten Hobbys wie Rasenmähen, Autowaschen und Wäschehängen nachgehen. Die Arbeitgeber freuten sich auf die nächsten Tarifrunden, weil endlich ein erbitterter Gegner der Sonntagsarbeit weg war.

Nur der Papst (der von den Katholiken) war ein bißchen traurig, weil er fremden Boden nur noch auf eigene Kosten küssen durfte.

Churchcard

1. Szene

Eine Dame (A), die etwas sein möchte, erscheint. Der Kirchendiener (K) taxiert sie.

K: Sie haben eine CHURCHCARD?
A: Aber selbstverständlich.
K: Damit sitzen Sie bei uns in der ersten Reihe.
A: Ja, wer mit dem Trend geht, ist natürlich immer vorn. Ja, wo habe ich sie denn bloß...
K: Sie wird bei Ihrem Geld sein, und das ist natürlich - Sie gestatten - da! *(tippt aufs Herz)*
A: Ja, wo das Herz ist, da ist auch das Geld *(holt die CHURCHCARD).*
K: Oh! Was darf ich sehen. Sogar eine goldene! Dann gehen Sie bitte gleich durch zu unserem Herrn Pastor und verabreden Sie mit ihm einen Termin für ein kleines intimes Privatabendmahl.
A: Ja, danke, ich weiß Bescheid.

2. Szene

Eine einfache Frau (B) tritt auf. K fordernd.

K: Ihre CHURCHCARD bitte!
B: Was soll ich haben? Ne CHURCHCARD? Ach, das ist wohl so'n Dings, wo Sie sehen, daß ich immer schön brav meine Kirchensteuer zahle, ja? Nee, seit wann brauch

man denn so was?

K: Die CHURCHCARD weist Sie als Spenderin aus.

B: Und wenn ich so einen Ausweis nicht habe, werde ich ausgewiesen aus der Kirche?

K: Aber nein, liebe Frau, die CHURCHCARD zeigt an, was Sie zusätzlich zu Ihrer Kirchensteuer der Kirche an Spenden zukommen lassen, z.B. an Kollekten im Gottesdienst.

B: Wie? Seit wann muß man denn gleich beim Eingang schon Kollekte geben? Bevor der Gottesdienst überhaupt angefangen hat?

K: Müssen Sie doch gar nicht. Ich will doch nur Ihre Karte sehen, damit ich Sie auch richtig plazieren kann. Ein jeder soll doch den Platz bekommen, der ihm gebührt. Nachher bei der Kollekte entscheiden Sie dann ganz frei in eigener Verantwortung, wieviel Geld Sie von Ihrem Guthaben mit Hilfe der CHURCHCARD abbuchen lassen wollen.

B: Ach, ich habe bei der Kirche ein Guthaben? Na, dann habe ich's ja gut.

K: Nur, wenn Sie vorher bei uns eingezahlt haben.

B: Bei Ihnen? Dann ist es also *Ihr* Guthaben? Dann haben *Sie* es ja gut. Aber nun sagen Sie mir doch mal bitteschön, wozu ist das nun eigentlich gut?

K: Na, das ist doch ganz einfach. Wir haben es gut, weil Sie ein Guthaben haben, das Sie bei uns guthaben; das versteht sich doch von selbst..

B: Na ja, Sie, und was hab ich davon?

K: Sie haben es gut, weil Sie nun bargeldlos gut sein können. Während Sie zu Hause sitzen, essen, trinken, Ihre Börsenberichte studieren, mit Ihrem Mann schlafen ...

B: Na, ich muß doch sehr bitten!

K: ... essen, trinken, Ihre Börsenberichte studieren, mit Ihrem Mann spazierengehen usw., lassen wir Sie gut sein mit Ihrem Geld, tut Ihr Geld Gutes für Sie durch uns, ohne daß Sie damit irgendeine Mühe haben.

B: Wenn ich also so'ne Karte habe ...

K: ... dann können Sie bestimmen, wieviel Kollekte Sie geben wollen, völlig frei.

B: Aber das kann ich doch jetzt auch schon!

K: Ja aber, ich bitte Sie! Doch nur bar. Und ohne jeden Beleg. Überlegen Sie doch nur mal, wieviel Geld Sie da so verschenken.

B: Buchen Sie auch Pfennige ab?

K: Aus buchungstechnischen Gründen sollten Sie schon einen gewissen Mindestbetrag ins Auge fassen. Es macht ja auch einen schlechten Eindruck, wenn wir sehen, daß Sie nur ein paar Mark geben, wo andere ganz andere Summen locker machen. Schließlich ist das ja alles für einen guten Zweck.

B: Nö, dann will ich keine Karte. So kann ich wenigstens einen Knopf in den Klingelbeutel werfen, ohne daß es einer sieht.

K: Gott sieht alles.

B: Aber der petzt nicht.

K: Liebe Frau, ich will noch einmal anders versuchen, Ihnen die Vorteile der CHURCHCARD deutlich zu machen. Sie haben ja auch andre Vergünstigungen. Beim Abendmahl z.B. reichen wir z. Zt. für CHURCHCARD-Besitzer einen ausgezeichneten Château Lafite-Rothschild aus vollausgereiften Trauben der Sorte Cabernet Sauvignon, Südhang selbstverständlich, im Bukett etwas feurig, im Abgang fast duftig, für Besitzer der goldenen CHURCHCARD speziell als Trockenbeerenauslese. Karfreitags allerdings kredenzen wir aus Pietätsgründen grundsätzlich nur Lacrimae Christi.

B: Und was kriegen die andren, also die mit ohne CHURCHCARD?

K: Traubensaft. Aldi.

B: Und sonst ...

K: Unser spezieller CHURCHCARD-Service enthält bei Trauungen eine besondere Vergünstigung. Da läßt unser Herr Pastor den bei den Leuten so unbeliebten Satz »Bis daß der Tod euch scheidet« einfach weg. Dafür bieten wir einen Ersatzsatz an, den Sie sich aus einer Spruchliste auswählen können, völlig frei, je nach Zusatzspendenhöhe, versteht sich.

B: Und was haben Sie da so?

K: In der Männerspruchliste fängt es an mit »Freue dich an deiner Frau. Anmutig ist sie wie eine Gazelle und ihre Brüste sollen dich immer berauschen.« Schön, nicht wahr? Und auf der Frauenliste hört es auf mit »Er folgt ihr wie ein Ochse, der zum Schlachtplatz geführt wird.«

Alles Weisheiten aus dem Alten Testament.

B: Und bei Taufen?

K: Da tun wir ohne Aufpreis Badedas ins Taufwasser.

B: Und sonst noch etwas?

K: Ja, sehen Sie, bei Konzerten z.B. zahlen Sie nur die Hälfte von dem, was ein armer Mensch ohne Karte zahlen muß.

B: Ein Armer zahlt also mehr.

K: ?

B: Sie sagten doch: ein armer Mensch muß das Doppelte zahlen.

K: Ich meine, ohne Karte ist man doch arm dran.

B: Ich verstehe: die Karte ist heute sowas wie früher 'ne Uniform. Damals fing der Mensch erst bei den goldnen Knöpfen an und heute erst bei 'ner Kreditkarte. Aber ist ja nicht so, daß ich keine Karte habe. Hier. AOK. Wenn ich mit der zum Doktor gehe, dann heilt der mich. Und um mein Heil kümmern Sie sich hier doch auch, oder?

K: Mein liebe Frau, die CHURCHCARD...

B: Oder hier. Die!

K: Bitte, Herr Pastor, wenn Sie mal das Gespräch mit der Dame übernehmen möchten. Sie hat nicht einmal eine CHURCHCARD.

3. Szene

(Während B sich mit dem Pastor (P) unterhält, redet K mit einem Obdachlosen.)

B: Herr Pastor, Ihr Cerberus läßt mich da nicht rein.

P: Nein, liebe Frau, das haben Sie falsch verstanden. Die Kirche ist für alle Menschen offen. Nur die CHURCHCARD-Besitzer sind etwas dichter am heiligen Altar.

B: Können Sie die hier nicht nehmen?

P: Das ist doch Ihr Ausweis. Diese Karte identifiziert Sie als Mensch. Das interessiert uns doch nicht.

B: Daß ich ein Mensch bin, interessiert Sie nicht?!

P: Ich will sagen: der Kirche geht es vor allem darum, daß Sie als Mensch gut sind.

B: Ich glaube, mein Gutsein interessiert Sie weniger als mein Guthaben.

K *(weist die ganze Zeit schon den Obdachlosen C ab)*: Du siehst doch, Opa, das geht nicht!

C: Och wenn ick keene feste Bleibe habe, bin ick doch 'n Mensch. Hatte der da ja ooch nich! *(zeigt aufs Kruzifix)*

K: Von der Tür aus kann man den Gottesdienst auch verfolgen.

C: Nun will ich's wissen. Hier meine Karte!

K: Ihre Karte?

C: Meine Karte! Hat mir jemand aus Ihrer Gemeinde in den Hut jeworfen. Sind noch 30 Märker druff, hatta jesagt, und Bruder hatta mir jenannt. Jawollja.

K: Diese CHURCHCARD ist nicht übertragbar. Nein, ich lasse Sie nicht durch!

C: Ich darf nicht zum Herrn nach vorne?

K: Zum Herrn Jesus natürlich. Aber der ist auch hinten. Aber nicht zu unserem Herrn Pastor.

B: Hier. *Die* Karte können Sie doch aber anerkennen. Kreditkarte. Mit *Kredit* haben Sie es in der Kirche doch auch.

P: Sie meinen *Credo.* Das ist ein religiöser Begriff, Kredit ein banktechnischer.

B: Wo Sie von der Bank reden. Auf die Bank da will ich *(zeigt nach vorn).* Und Sie behandeln einen wie auf 'ner Bank.

C: Wenn Sie mich schon nicht durchlassen wollen, dann zahlen Sie mir mein Geld aus, bitteschön.

K: Das kann ich nicht. Das Geld gehört Ihnen ja nicht.

C: Die Karte gehört mir. Und die ist noch gültig. 30 DM.

K: Aber das Geld gehört der Kirche. Der Kartenkäufer hat es der Kirche gespendet.

C: Ich denke, wer 'ne Karte hat, hat hier 'n Jutham.

K: Ja, das stimmt.

C: Und wer een Jutham hat, der bestimmt janz frei, wofür er et ausjehm will.

K: Ja, das stimmt.

C: Jut. Der Karteninhaber bin also icke.

K: Ja, das stimmt.

C: Dann bestimme ick dett Jeld ... für ... Moment, ick habs gleich ... für ... ja, für die Obdachlosenarbeit und nehms gleich in Empfang.

K: Das geht nicht. Die Kollekte kommt einer Arbeit zugute und nicht Menschen, also doch nicht so einfach Ihnen.

P: *(inzwischen nach vorn gegangen)* Liebe Gemeinde. Sie werden verzeihen, daß unser Gottesdienst ein bißchen verspätet beginnt. Es geht nicht immer alles so glatt. Wir stellen unseren Gottesdienst unter ein Wort Martin Luthers, das es in Andacht zu bedenken gilt: »Einen Gott haben heisset etwas haben, darauf das Herz gänzlich vertrauet. Es ist so mancher, der meint, er habe Gott und alles genug, wenn er nur Geld hat und Gut ... Das ist der allergemeinste Abgott auf Erden. Amen.«

N8chtschicht

Myrrhe No. 5

Die deutschen Kirchen: Aus Erfahrung Gott!

Die Kneifer

Die Christlichen U-Boote

oder: Jahrzehnte im Kampf gegen die Untergetauchten

Kapitänleutnant: Alle wieder aufgetaucht? Angetreten zur Instruktion! Rührt euch! Wie heißt das Thema der heutigen Moralinstruktion, Matrose Müller?

Matrose: Der Christ in der Öffentlichkeit, Herr Kaleu!

K.: Richtig, Matrose Müller, und wie zeigt sich der Christ in der Öffentlichkeit?

M.: Ich verstehe Ihre Frage nicht. Zeigt sich der Christ in der Öffentlichkeit?

K.: Ich präzisiere meine Frage. Wie verhält sich der Christ in der Öffentlichkeit?

M.: Mutig und erschrocken verkündet der Christ in der Öffentlichkeit die frohe Botschaft!

K.: Falsch, Matrose Müller! Mutig und unerschrocken ... geht er mit der Kirche unter!

M.: Wieso, Herr Kaleu, in der Bibel steht doch, die Kirche geht nicht unter und die Fluten der Hölle werden sie nicht verschlingen!

K.: Ein alter Hut, Matrose Müller, erstens verschlingen sie höchstens Ihre Würstchen, Sie Würstchen, und zweitens gilt hier nicht die Bibel.

M.: Wieso, Herr Kaleu? Ich denke, die gilt überall?

K.: Aber doch nicht hier, bei der christlichen U-Bootwaffe.– Matrose Müller, wo ist der Christ in der Öffentlichkeit zu finden?

M.: Nicht so leicht, Herr Kaleu, nicht so leicht. Man muß schon lange suchen.

K.: Halbrichtig, Matrose Müller! Vielleicht war die Frage zu schwer. Wo ist denn ein Christ am Sonntag zu sehen?

M.: Einige sind in der Kirche, angetreten beim Pastor zum Befehlsempfang. Die anderen sind im Wald.

K.: Wieso im Wald, was wollen die denn im Wald?

M.: Die sagen, sie gehen in den Wald zum Beten.

K.: Gut beobachtet, Müller. Und wo sieht man den Christen am Werktag?

M.: Am Werktag? Da hab ich noch keinen Christen gesehen!

K.: Richtig, Müller. Das können Sie auch nicht. Denn nach dem Sonntagsgottesdienst oder dem frommen Waldspaziergang werden die Christen unsichtbar und tauchen unter.

M.: In der Taufe, Herr Kaleu?

K.: Quatsch, Müller, die haben sie längst vergessen. Nein, die Christen werden zu christlichen U-Booten. Und wie operiert der Christ?

M.: Wenn er es kann, mit dem Messer, Herr Kaleu.

K.: Falsch, Matrose Müller, er operiert aus dem Untergrund.

M.: Wieso, sitzen die jetzt alle in der kirchlichen Verwaltung?

K.: Um unterzutauchen braucht man nicht in der Verwaltung zu sitzen. Der Christ operiert taktisch aus dem Untergrund.

M.: Sie meinen praktisch, Herr Kaleu!

K.: Nein, taktisch. Die Christen sind doch keine Praktiker.

M.: Das verstehe ich nicht, Herr Kaleu.

K.: Also gut, ein Beispiel. Der Dreher Schulze wird in seinem Betrieb vom Chef ungerecht behandelt. Der Christ Meier, der den Bockmist gemacht hat, steht daneben. Was tut nun der Christ Meier, Matrose Müller?

M.: Mutig und unerschrocken bekennt der Christ seine Schuld und setzt sich für den Unschuldigen ein!

K.: Falsch. Matrose Müller! Mutig und unerschrocken geht er von dannen und taucht unter.

M.: Aber er muß doch was tun!

K.: Tut er doch auch, im Stillen beklagt er die Schlechtigkeit der Welt und zieht die Konsequenz. Er betet ein Vaterunser.

M.: Aber als Christ muß er doch mehr tun!

K.: Das tut er doch auch. Als vorbildlicher Christ betet er zwei Vaterunser.

M.: Das verstehe ich nicht, dafür bin ich wohl zu dumm!

K.: Gut so, Müller. Bleiben Sie so. Als dummer Christ werden Sie wenigstens keinem gefährlich. Damit es klarer wird, noch ein Beispiel. Eine christliche Frau wird Zeugin, wie ein Kind mißhandelt wird. Was tut nun die christliche Frau, Matrose Müller?

M.: Mutig und unerschrocken beschützt die christliche Frau das mißhandelte Kind.

K.: Falsch, Müller, die Frau taucht unter.

M.: Wieso, dürfen Frauen jetzt auch zur Kriegsmarine?

K.: Katholische Pfarrer und Soldaten dürfen Frauen noch nicht werden, aber untertauchen können auch sie.

M.: Aber untertauchen ist doch nicht genug, Herr Kaleu!

K.: Ist es auch nicht. Die Frau wird äußerst aktiv und verkündet die christliche Botschaft.

M.: Unter Wasser?

K.: Nein, bei den Nachbarn im Treppenhaus.

M: Ah, dann werden alle aktiv und beschützen das mißhandelte Kind.

K.: Nein, sie beweinen alle gemeinsam das arme Kind.

M.: Das Kind weint, die Frauen weinen, da muß ich auch weinen.

K.: Endlich richtig, Müller. Mit den Christen in der Öffentlichkeit ist es auch zum Weinen.

M.: Aber bei Kirchen- und Katholikentagen tauchen die Christen doch immer wieder auf.

K.: Natürlich, in der großen, fremden Stadt, da kennt sie doch auch niemand.

M.: Aber der liebe Gott kennt doch jeden von uns und weiß alles über uns!

K.: Mensch, Müllerchen, vor dem lieben Gott haben die Christen doch keine Angst, höchstens vor ihren Nachbarn oder Kollegen!

Reiner Rautenberg (SCHWESTER & BRUDER GMBH)

The Grill-Master of the Unichurch
oder: Der Grillmeister der unierten Kirche

(Mann, Männerdienstschürze, Hut, Sonnenbrille, Bierbauch stürmt in HeMan-Manier das Publikum)

Bei der Macht von Grillkohle *(zieht eine Grillzange)* - ich habe die Zauberwürze von Aldi *(zieht selbige Dose und lacht sich kaputt)* - wat is, hasse dich erschreckt? Ja, da musse nich gleich so dumm kucken. Wat ist dat überhaupt fürn lahmer Haufen hier? Kamma hier noch nichman Spaß machen? *(geht zurück zu seinem Grill)* Kerr, kerr. *(fängt an, die offensichtlich vorhandenen Würstchen mittels der Holzgrillzange zu wenden - scheinbar kommt einer von der Seite ...)* Wat is? - Nee, die Würstchen sind noch nich fettich! ... Ja, auch wenn du schon seit fuffzehn Jahrn im Presbyterium biss, dat ist den Würstchen scheißegal.- Oder willze etwa, dat dir die Salmonellen zwischen die Zähne hängen bleiben, hä? - Na siehse. *(wendet sich dem Publikum zu)*

Total verrückt, die Leute. Kaum hab ich meinen Grill angeschmissen, komm die schon an. Ja, zu Hause heilfasten und hier aufm Gemeindefest dat billige Futter abschleppen.-

Ja, so is dat, und dat is auch gut so. Ein Gemeindefest steht und fällt nämmich, womma sagen mit dem Bräunungsgrad vonne Würstchen! - Ja sicher. Na, Kaffee und Kuchen vonne Fraun nammittachs, is gebongt. Aber dann brauchs du wat Ordentliches zwischen die Zähne. - Und dat is Männerarbeit. Dafür steh ich grade. Ja kuck hier: Lecker Holzkohlenfeuerken, die kleinen Krummen von Willi ... *(zu einem Zu-*

schauer gewandt) Kennze Willi? - Dat is unser Gemeindemetzger - ... den mittelscharfen Senf vom Rewe, Brötchen tun wa immer halbiern, muß sich ja lohnen. - Hömma zu, dat is dat wahre Gemeindezentrum!

Und da laß ich mir auch nich reinreden! Kerr, unser Pastor zum Beispiel, eh jedes Jahr kommt der Kerl vorher an und tönt *(kneift Schultern und Knie künstlich und gleichzeitig zusammen, verstellt die Stimme und windet sich)*: Ob wir diesmal nicht mal was anderes machen sollten? - *(wieder zum Zuschauer hin)* Ach, du meins dat auch? Hä, etwa türkische Rindswürste? Oder Maiskolben ausse Dose? - Oder hier, ganz wat Perverses, Vorschlach vonne jungen Fraun: Grünkernbratlinge *(voll Ekel),* bäh! - Nee, Nee, nich mit mir! Dat kommt mir doch nich auf meinen Grill! - Weiß du, wat ich dann unsern Popen sach, ja, weiß du, wat ich unsern Popen dann sach? Ich sach, Junge, sach ich. Sieh du ma lieber zu, dat du am Sonntach deinen Familiengottesdienst auffe Kette kriss. Vom Feiern has du sowieso keine Ahnung! - Ja, dat sach ich nich so krass, nee, aber is doch wahr! *(sieht plötzlich einen guten Bekannten am Grillstand stehen)*

Ou - tach ... Herr Pastor ... wie is et denn? Ja, hier klappt alles wie am Schnürchen, wie jedes Jahr, Herr Pastor.- Nee, ein bisken müssen die Bratlinge noch. Aber ich hab schon eins für Sie reserviert, kucken Se ma, da hab ich extra en Kreuz draufgeritzt. Ja, gehnse noch en bisken spazieren zu die anderen Stände, die freun sich auch ma. *(wieder zum Publikum, schaut dem Pastor mit rapide abnehmender Freundlichkeit hinterher)*

Der is ja eigentlich sone Art Vegetarier.- Aber nich bei mir. Nee, bei mir musser. Sons isser bei mir untendurch und dat traut er sich nich. *(sieht leicht runter)*

Äh - hömma zu, Kurzer, wenn du da weiter so drängels, schmeißt du mir gleich meinen ganzen Grill um! - *(nach hinten)* Heinz! - Heinz! - Samma, kanze mir nich ma die Blagen vom Hals halten. Die schmeißen mir meinen Grill um. Dat is doch gefährlich. *(Heinz rührt sich nicht, also wieder zu den Blagen)* Komm, geh ma noch, zuers kommen sowieso die Alten dran, geh du ma noch ne Rund spielen ... nach de Sozialheinis dahinten auffe Wiese! *(erstaunlicherweise machen die das)*

(wird melancholisch) Is ja nich mehr so wie früher, son Gemeindefest, ist nich mehr so wie früher. Ja - nimma numma den Bierstand, ja nimma numma den Bierstand. - Den gibts zwar noch. Aber heutzutage muß dat Bier zum Beispiel teurer sein als die Cola, angeblich wegen son paar Alkoholiker - und Schnaps gibbet schon seit fünf Jahren nich mehr. Dafür Milchshakes und alkoholfreie Bowle - und son Scheiß. Hömma, et gibt Leute, wenne da nich aufpaßt, die machen dir aus jedem vernünftigen Bierstand en Saftladen! - Ja, da versorg ich mich doch lieber selbs! *(nimmt die bereitstehende Bierflasche einer Dortmunder Brauerei)* Prost! -

(langer Schluck, in der Ferne erregt etwas seine Aufmerksamkeit, er verschluckt sich) Eh *(schreit laut)* - eh *(lauter)* Eh, samma, musse unbedingt da hinten anne Sakristei anne Kirche pinkeln! Dat gibbet doch wohl nich. Wat meins du eigentlich, wofür wir extra unsre Polyacryl-Pinkelwand hinterm Gemeindehaus gebaut haben. Bestimmt nich, dat du unsere Kirche deinen sauren Regen zuführs! - Hömma zu, mein Freund, wenn ich dich nochma erwische, ja, da schmeiß ich dich hier vom Hoff, aber achtkantig, is dat klar? - Ja sowat ... Dat gibbet doch nich! So ein Kanacke.

(reagiert auf voraussichtliches Gegrummel des sensiblen Publikums) Ja, wat denn? *(schaut wieder den besagten Zuschauer an)* Wat kucks du denn! Wegen den Wort da! Hömma, nich dat du hinterher unsern Popen erzähls, ich hätte hier wat gegen Ausländer gesacht, nich dat du dat hinterher erzähls! - Ob-

wohl ... ma eine Frage, ja? Muß eigentlich heutzutage jedes Gemeindefest unbedingt in eine internationale Begechnung ausarten? - *(jetzt intensiv zum Zuschauer)* Ach, du meins dat! - Bisse Sozialarbeiter? - Hömma, et reicht doch, wenn wir Jahr für Jahr, ne, ein Drittel von unsern Erlös von unsern Gemeindefest, äh - ja, wie sach ich dat *(rudert mit den Armen)* - inne Dritte Welt wegschmeißen - ne, dat reicht doch. - Der Rest is nämmich für unsre neue Orgel. (*lauter*) Und wenn dat nich so wär, ne, dann würd ich hier nich stehn, ja, und dann könnten se meintwegen ihren Müsli-Grünkern-Kebab-Fraß anne Ratten verfüttern! Jawoll ... *(regt sich ziemlich auf, dabei streift sein Blick wie zufällig den Grill)*

Oh - so eine Scheiße. *(will das Bratgut durch schnelles Wenden vor dem Verderben retten)* Getz sind mir die Bratlinge aber en bisken zu gut durch ... Son Mist. Und dat mir ... *(blickt sich um, dann zum Publikum)* Ja, dat kommt nur, weil ich hier ständig vonne Seite angequatscht werde, sons wär dat nich passiert! *(gibt am Grill schließlich auf)* - Heinz! Heinz, hömma zu. Die Krummen hier, ja, die sind mir total ... ja man sieht se schon kaum! Hömma, bring mir ma schnell 100 Neue aussem Kühlschrank. Und gib mir ma en Pappteller dabei. Dat Zeug, dat pack ich dir dadrauf. Und dann bringse dat, äh - bei die Asylantencontainer vorbei. Hä? Ja, so wie Erntedank. - Wat sachse? - Ach, sach einfach, et wären Rindwürstchen. Das sieht man sowieso nich mehr.

(zu den jetzt voraussichtlich konsternierten Zuschauern gewandt) Ja, wat denn, wat denn - en bisken Spaß muß doch auch auffem Gemeindefest sein. Oder etwa nich? - *(kreuzt grinsend die Arme, Grillzange im Anschlag)* Na siehse. *(Grillzange schnappt zu)*

doppelpunkt

doppelpunkt's kleine Kirchengeschichte

10 kleine Christen, die wollten 'nen Verein -
der eine zahlt den Zehnten nicht,
da waren's nur noch neun.

9 kleine Christen haben nur an sich gedacht -
einer fragte: »Und Mission?«,
da waren's nur noch acht.

8 kleine Christen wollten ihren Nächsten lieben -
der eine liebte seinen Freund,
da waren's nur noch sieben.

7 kleine Christen: vor der Ehe keinen Sex! -
Die eine hat 'n Kind gekriegt,
da waren's nur noch sechs.

6 kleine Christen strickten für die Armen Strümpf' -
der eine meinte: »Reicht denn das?«,
da waren's nur noch fünf.

5 kleine Christen wollten Orgel statt Klavier -
doch einer, der hieß KLEIDERMANN,
da waren's nur noch vier.

4 kleine Christen standen in der Sakristei -
da kam 'ne Frau in 'nem Talar,
da waren's nur noch drei.

3 kleine Christen wollten Urlaub auf Hawai -
doch einer fuhr nach Liebenzell,
da waren's nur noch zwei.

2 kleine Christen wollten die Frömmsten sein -
der eine sagte: »Ich werde Papst!«,
da war er ganz allein.

1 kleines Christchen, das wurde langsam weich -
da machte es 'ne Sekte auf
und wurde schrecklich reich.

Und die Moral von der Geschicht' -
die ist doch gar nicht schwer:
Wenn wir so fleißig weitermachen,
bleibt die Kirche leer.

Schwester & Bruder GmbH

Diakonie

So steht es in Präambeln, Satzungen, Dienstanweisungen ... Wenn sich die Kirche zum Leben äußert, dann ist das Diakonie.

Wenn sich die Diakonie zum Wesen der Kirche äußert, dann ist das Leben.

Aber wo bleibt das kirchlich Wesentliche im Leben der Diakonie?

Das Wesen der Diakonie ist doch das Lebendige der Kirche.

Doch was sehen wir?

Wenn die Diakonie lebt, äußert sie sich nicht zur Kirche.

Auch die Kirche lebt im wesentlichen ohne die Entäußerung ihrer Diakonie.

Beide entfremden sich ihrem eigentlichen Wesen, entfernen sich vom Leben des jeweils anderen.

Diakonie und Kirche müssen sich wieder was Wesentliches sagen, sich wieder lebendig zueinander äußern.

Sie müssen ihr gemeinsames Wesen leben, sich sozusagen als kirchlich-diakonisches und diakonisch-kirchliches Lebewesen veräußern.

Sonst verwesen sie.

Denn ohne Diakonie keine Lebensäußerung von Kirche – und ohne Kirche keine wesentliche Veräußerung von Diakonie.

Wolfram Behmenburg (KLÜNGELBEUTEL)

In Gottes Villen

In Gottes Villen wohnen wir,
in seinen Kirchen thronen wir,
wer fromm ist, den belohnen wir
- und du bist ab!

Ab bist du noch lange nicht,
sag mir erst - wie du den Katechismus sprichst.

Freiheit oder Katechismus, Methodismus, Feminismus,
Mystizismus, Modernismus, Katholi-Protestantismus,
Pa-Papismus, Ma-Marxismus: Hauptsache -mus!

In Gottes Villen wohnen wir,
in seinen Kirchen thronen wir,
wer fromm ist, den belohnen wir
- und du bist ab!

Ab bist du noch lange nicht,
sag mir erst - wie du das Halleluja sprichst.

Hallelu-, wir sagen Ja zu Drewermann und Wojty a,
zu Deutschland einig Tralala, zu Trabi, Benz und Toyota,
zu Mission und Mandela, zu Militär und Mahatma ...
Hallelu-, wir sagen Ja! Hallelu-nein - wie kläng denn das?!

In Gottes Villen wohnen wir,
in seinen Kirchen thronen wir,
wer fromm ist, den belohnen wir
- und du bist ab!

Ab bist du noch lange nicht,
sag mir erst - wie du das Amen sprichst.

Männer, sprecht a-männlich: Amen.
Denn sonst schubsen euch die Damen
aus dem klerikalen Rahmen,
den sich eure Väter nahmen.
Ohne Ehrfurcht und Erbarmen
nehmen sie euch Rang und Namen.
Und was wird aus Abrahams Samen,
wenn kein Schwanz mehr da ist? Amen.

In Gottes Villen wohnen wir,
in seinen Kirchen thronen wir,
wer fromm ist, den belohnen wir
- und du bist ab!

3. Kunststück: Gebet

Das dritte Hauptstück
Das Vaterunser

Die Anrede
Vater unser im Himmel.

Die erste Bitte
Geheiligt werde dein Name.

Die zweite Bitte
Dein Reich komme.

Die dritte Bitte
Dein Wille geschehe, wie im Himmel, so auf Erden.

Die vierte Bitte
Unser tägliches Brot gib uns heute.

Die fünfte Bitte
Und vergib uns unsere Schuld,
wie auch wir vergeben unsern Schuldigern.

Die sechste Bitte
Und führe uns nicht in Versuchung.

Die siebente Bitte
Sondern erlöse uns von dem Bösen.

Der Beschluß
Denn dein ist das Reich und die Kraft
und die Herrlichkeit in Ewigkeit.

Amen.

Kluge Frage – Klare Antwort

Heidelberger Katechismus: Fragen 116-126 und Antworten

116. Warum ist den Christen das Gebet nötig?

Weil sie, besonders unter Berücksichtigung einer beutelschneiderischen Preispolitik der Telekom, auf diesem Weg in den Genuß eines *wirklich* preisgünstigen Ferngesprächs kommen können (von wegen: den Herrgott preisen schon ab 12 Pfennig ...). (Osti Osteroth)

117. Was gehört zu einem solchen Gebet, das Gott gefalle und von ihm erhört werde?

Dazu gehört unbedingt, daß man diese Frage nicht definitiv beantworten kann. Es ist eine jener wichtigen Fragen, um die man sich bemüht – gäbe es auf sie eine Antwort, wäre jedes Gebet sinnlos. (Florian Frenzel)

119. Wie lautet das Gebet des Herrn?

Mach, daß du weiterkommst! (Lutz von Rosenberg Lipinsky)

121. Warum wird hinzugetan: Der du bist in den Himmeln?

Man nehme: Eine Prise Salz, drei Zwiebeln vom Knoblauch und würze das Ganze mit blablabla ... usw. (Härter bis Wolkig Faxenkombinat)

124. Was ist die dritte Bitte: Dein Wille geschehe auf Erden wie im Himmel?

Mach, was du willst, nur sei leise und laß mich noch ein Stündchen schlafen ...! (Barbara Hornberger)

125. Was ist die vierte Bitte: Unser täglich Brot gib uns heute?

Wieso, was soll denn damit sei? Daß mer halt gnug zum Esse habbet jeden Tag! Mir habbets ja im Krieg und danach erläbt, wies isch, wenn mer nix hat oder koi Brot und zum Beispiel bloß Käs wie damals bei uns im Dorf: Bevor d'Franzose eigrückt sin, hat d'Gemeinde schnell noch alle Käsvorrät ausgäbe, damit se net em Feind in d'Händ fallet. Obwohl, i glaub, Käs habbet grad d'Franzose eigentlich sälber gnug ghabt. Ja, und dann habbet mir wo-chen-lang von Käs gläbt: Käs ohne Brot, Kässupp, Kässpätzle, Käs kocht oder roh, brate oder grillt - und halt alles ohne Brot. I hab jahrelang danach koin Käs mehr esse könne, aber - was habbet Sie eigentlich gfragt? Ach so, unser täglich Brot. Ha no, bätet habbet mir damals au um Brot, aber gnützt hats nix. Obwohl, später ja scho, da hats ja widder Brot gäbe. Vielleicht braucht der Herrgott halt e Weile, bis er so Gebäte erfülle kann. Die Leut in Afrika und so, von denne mir vorhin scho gsproche habbet, die habbet ja koi Brot. Mer könnt ja für die e bißle mitbäte, weil, für uns ischs ja im Moment net so nötig, des lauft ja von alloi mit dem Brot. (Sibylle Wiemer-Clement)

Das kommt ganz darauf an, wo du sie sprichst, ha ha ha *(das Lachen wie das von Alf!)*. (Andreas Loos)

126. *Was ist die fünfte Bitte: Vergib uns unsere Schuld, wie auch wir vergeben unsern Schuldigern?*

Eine Barmherzigkeit der Protokollführerin.
Tatsächlich verlief das Telefonat so:
Gott: Was wollt ihr noch?
Antwort: Vergib uns unsere Schuld!
Gott: — *(Text unverständlich, Bandstörung)*
Antwort: Wie - auch wir vergeben unsern Schuldigern?
Gott: .-.-.-.- *(Besetztzeichen, Teilnehmer hat aufgelegt)*
(Korelia Escher)

DAS VATERUNSER

Wolfgang Pusch

Gedanken eines Gottesdienstbesuchers beim Vaterunser

Vater unser im Himmel.
(Wer hat denn hier dieses aufreizende Parfüm?)
Geheiligt werde dein Name.
(Das muß die Blonde da vorne sein.)
Dein Reich komme.
(Die ist mir doch schon beim Glaubensbekenntnis aufgefallen.)
Dein Wille geschehe,
(Mein Gott, was für Beine!)
wie im Himmel, so auf Erden.
(Beine von der Erde bis zum Himmel!)
Unser tägliches Brot gib uns heute.
(Die frag' ich gleich bei der Kollekte, ob sie mir Geld wechseln kann.)
Und vergib uns unsere Schuld,
(Oder vielleicht: Wie fanden Sie die Predigt?)

wie auch wir vergeben unseren Schuldigern.
(Alles Quatsch! Ich hab ja gar nicht zugehört.)
Und führe uns nicht in Versuchung.
(Zu spät! Die Versuchung hat mich schon erwischt!)
Sondern erlöse uns von dem Bösen.
(Da ist doch nix Böses dran, bei so 'ner Frau!)
Denn dein ist das Reich
(... und hier passiert's gleich!)
und die Kraft
(Durch dieses blöde Händefalten sieht man gar nicht, ob sie verheiratet ist.)
und die Herrlichkeit
(Wenn das klappt, das wär' 'ne Herrlichkeit!)
in Ewigkeit.
(So lange muß es ja nicht dauern.)
Amen.

Werner Zupp

Vater unser ...

Alles, was uns bewegt, fassen wir zusammen mit den Worten, die Jesus uns vorgegeben hat:
Vater - Mutter, Kind,
unser - euer, mein, dein
im Himmel - auf Erden, im Haus, bei meinen Nachbarn
geheiligt werde dein Name - freundlich werde dein Gesicht, glaubwürdig werde dein Wort
Dein Reich komme - dein Haus baue, dein Trost tröste
Dein Wille geschehe - deine Kraft wirke, deine Idee gelinge
wie im Himmel so auf Erden - wie im Auto so in der Fußgängerzone
Unser tägliches Brot gib uns heute - unsere Liebe erhalte uns morgen, unsere Toleranz gib uns jetzt,
Und vergib uns unsere Schuld - und ertrage unsere Fehler, und vergiß unseren Scheiß
wie auch wir vergeben unseren Schuldigern - wie auch wir verzichten auf unsere Selbstsucht, wie auch wir probieren es mal anders
Und führe uns nicht in Versuchung - und mach es nicht so schwer, und laß es uns aushalten
sondern erlöse uns von dem Bösen - sondern schick sie fort oder mach mit ihnen was anderes, nur ohne mich
Denn dein ist das Reich und die Kraft - und die Ausdauer und die Courage
und die Herrlichkeit - und die Schönheit und die Großmut
in Ewigkeit - in drei Tagen, aber möglichst bald.
Amen.

Andreas Malessa

Unterbrich mich nicht, Herr – ich bete!

»*Vater unser im Himmel* ...«

»Ja?«

»Unterbrich mich nicht! Ich bete!«

»Aber du hast mich doch angesprochen!«

»Ich dich angesprochen? Äh ... nein, eigentlich nicht. Das beten wir eben so: Vater unser im Himmel!«

»Da, schon wieder! Du rufst mich an, um ein Gespräch zu beginnen, oder? Also, worum geht's?«

»*Geheiligt werde dein Name* ...«

»Meinst du das ernst?«

»Was soll ich ernst meinen?«

»Ob du meinen Namen wirklich heiligen willst? Was bedeutet denn das?«

»Es bedeutet ... es bedeutet ... meine Güte, ich weiß nicht, was es bedeutet. Woher soll ich denn das wissen?«

»Es heißt, daß du mich ehren willst, daß ich dir einzigartig wichtig bin, daß dir mein Name wertvoll ist.«

»Aha, hm, das verstehe ich. *Dein Reich komme, dein Wille geschehe, wie im Himmel, so auch auf Erden* ...«

»Tust du das wirklich?«

»Daß dein Wille geschieht? Natürlich! Ich gehe regelmäßig zum Gottesdienst, ich zahle Kirchensteuer und Missionsopfer.«

»Ich will mehr: daß dein Leben in Ordnung kommt, daß deine Angewohnheiten, mit denen du anderen auf die Nerven gehst, verschwinden, daß du von anderen her und für andere denken lernst: daß allen Menschen geholfen wird und sie zur Erkenntnis der Wahrheit kommen, auch dein Vermieter und dein Chef. Ich will, daß Kranke geheilt, Hungernde gespeist, Trauernde getröstet und Gefangene befreit werden. Denn alles, was du diesen Leuten tust, tust du dann für mich.«

»Warum hältst du das ausgerechnet mir vor? Was meinst du, wieviel stinkreiche Heuchler in den Kirchen sitzen? Schau die doch an!«

»Entschuldige, ich dachte, du betest wirklich darum, daß mein Herrschaftsbereich kommt und mein Wille geschieht. Das fängt nämlich bei dem an, der darum bittet. Erst wenn du dasselbe willst wie ich, kannst du ein Botschafter meines Reiches werden.«

»Das leuchtet mir ein. Kann ich jetzt mal weiterbeten? *Unser täglich Brot gib uns heute ...*«

»Du hast Übergewicht, Mann! Deine Bitte beinhaltet die Verpflichtung, etwas dafür zu tun, daß die Millionen Hungernden dieser Welt ihr tägliches Brot bekommen.«

»*Und vergib uns unsere Schuld, wie auch wir vergeben unseren Schuldigern ...*«

»Und dein Arbeitskollege?«

»Jetzt fang auch noch von dem an. Du weißt doch, daß er mich öffentlich blamiert; daß er mir jedesmal dermaßen arrogant gegenübertritt, daß ich schon wütend bin, bevor er seine herablassenden Bemerkungen äußert. Das weiß er auch! Er nimmt mich als Mitarbeiter nicht ernst, er tanzt mir auf dem Kopf herum, dieser Typ hat ...«

»Ich weiß, ich weiß! Und dein Gebet?«

»Ich meine es nicht so!«

»Du bist wenigstens ehrlich. Macht dir das eigentlich Spaß, mit soviel Bitterkeit und Abneigung im Bauch herumzulaufen?«

»Es macht mich ganz krank.«

»Ich will dich heilen. Vergib ihm doch, und ich vergebe dir. Vielleicht vergebe ich dir auch schon vorher. Dann sind Arroganz und Haß seine Sünde und nicht deine. Vielleicht verlierst du Geld; ganz sicher verlierst du ein Stück Image. Aber es wird Frieden ins Herz bringen.«

»Hm, ich weiß nicht, ob ich mich dazu überwinden kann.«

»Ich helfe dir dabei!«

»Und führe uns nicht in Versuchung, sondern erlöse uns von dem Bösen ...«

»Nichts lieber als das. Melde bitte Personen oder Situationen, durch die du versucht wirst.«

»Wie meinst du das?«

»Du kennst doch deine schwachen Punkte: Unverbindlichkeit, Finanzverhalten, Sexualität, Aggression, Erziehung. Gib der Versuchung keine Chance.«

»Ich glaube, dies ist das schwierigste Vaterunser, das ich je betete. Aber es hat zum ersten Mal etwas mit meinem alltäglichen Leben zu tun.«

»Schön! Wir kommen vorwärts. Bete ruhig zu Ende.«

»Denn dein ist das Reich und die Kraft und die Herrlichkeit in Ewigkeit. Amen.«

»Weißt du, was ich herrlich finde? Wenn Menschen wie du anfangen, mich ernst zu nehmen, echt zu beten, mir nachzufolgen und dann das zu tun, was mein Wille ist. Wenn sie merken, daß ihr Wirken für das Kommen meines Reiches sie letztlich selber glücklich macht.«

Gebet

Erwin Grosche

Himmelsgeschichten – ein Boxerepos

Allmächtiger
im Himmel
deiner Gnade ausgeliefert
wer will in Ewigkeit dein Amen
ich will es jetzt

Dreieinigkeit
oder auch nicht
Firlefanz
außerdem gehe ich nicht ins Varieté

Du kannst doch deinen kleinen Willi Schwier
nicht so im Stich lassen
bin doch immer zu dir *so* gewesen *(boxt ein Zeichen)*
und wenn die Kollegen gesagt haben

3. Kunststück: Gebet

»Himmel, Arsch und Zwirn«
dann hab ich immer gesagt
»aber laßt den Himmel aus dem Spiel«
so war ich

Ach
was du nicht sagst
ich hör dir schon zu
aber das brauchst du mir nicht zu erzählen
das weiß ich schon selber
und was soll ich'n da
du bist ja auch nie da
das weißt du auch
wann kann man denn mal ausschlafen außer sonntags
das weißt du auch

Du kannst doch deinen kleinen Willi Schwier
nicht so im Stich lassen
bin doch immer zu dir *so* gewesen *(boxt ein Zeichen)*
und wenn die Kollegen gesagt haben
»Himmel, Arsch und Zwirn«
dann hab ich immer gesagt
»aber laßt den Himmel aus dem Spiel«
so war ich

Ach ich glaube es nicht
ich glaube einfach nicht, was ich da sehe
also gut
donnern kann ich auch
ich bin soweit

Aber komm doch mal ein bißchen näher
kannst doch mal ein bißchen näher kommen

früher habe ich bei jedem Blitz gedacht
du willst mir was erzählen
Kannste mir auch mal zuhören
wenn ich am Blitzen bin
überhaupt
drei gegen einen

Kannst doch deinen kleinen Willi Schwier
nicht so im Stich lassen
immer zu dir *so* gewesen *(boxt ein Zeichen)*
wenn die Kollegen gesagt haben
»Himmel, Arsch und Zwirn«
habe ich immer gesagt
»Arsch und Zwirn ist mir ja egal
aber laßt den Himmel aus dem Spiel«
so war ich

Als es mir so richtig schlecht ging
da mußtest du doch nicht noch deinen Senf dazu geben
als es mir so schlecht ging
da reichten mir doch schon meine besten Freunde
die haben mich nur noch
mit schwarzen Klamotten beschenkt
als sollte ich nie mehr wieder auf die Beine kommen
bei mir zu Hause sieht es aus wie in einer Rabenbadeanstalt
letzte Woche vier Waschmaschinen gewaschen Constructa
nur schwarze Wäsche
ich trau mich kaum noch in den Garten rein
die Nachbarn denken
bei mir trifft sich der Schiedsrichterverband

Will ja keine fünfzig Mark von dir
oder daß alles so ist wie früher

aber laß mich doch wieder selber auf die Beine kommen
wenigstens probieren
und nicht acht neun zehn Aus
und das war es dann
...
Dann komme ich auch mal wieder sonntags
wenn du willst sag ich dir vorher Bescheid
Kannste mitkommen
sind wir da wenigstens zu zweit

Kannst doch deinen kleinen Willi Schwier
nicht so im Stich lassen
immer zu dir *so* gewesen *(boxt ein Zeichen)*
wenn die Kollegen gesagt haben
»Himmel, Arsch und Zwirn«
habe ich immer gesagt
»Arsch und Zwirn ist mir ja egal
aber laßt den Himmel aus dem Spiel«

Hanns Dieter Hüsch

Psalm

Ich bin vergnügt
erlöst
befreit
Gott nahm in seine Hände
Meine Zeit
Mein Fühlen Denken
Hören Sagen
Mein Triumphieren
Und Verzagen
Das Elend
Und die Zärtlichkeit

Was macht daß ich so fröhlich bin
In meinem kleinen Reich
Ich sing und tanze her und hin
Vom Kindbett bis zur Leich

Was macht daß ich so furchtlos bin
An vielen dunklen Tagen
Es kommt ein Geist in meinen Sinn
Will mich durchs Leben tragen

Was macht daß ich so unbeschwert
Und mich kein Trübsinn hält
Weil mich mein Gott das Lachen lehrt
Wohlüber alle Welt

Martin Funda

Epilog

Unser Leben währet 70 Jahre und, wenn es hoch kommt,
sind es 80 Jahre.
Und was sein Stolz war, ist Mühsal und Beschwerde.
Und wenn wir einmal lachten,
dann wenn Sahnetorten flogen.
Wir überlassen es bezahlten Spaßmachern,
uns das Lachen zu besorgen.
Denn was wir selbst tun, tun wir mit Ernst,
mit tiefem Ernst, mit bitterem Ernst, mit blutigem Ernst -
bis zur Vergasung.
Wir schicken unsere Entertainer
in die Hungergebiete der Welt
und zu immer alten Katastrophen.
Wir sehen uns übersatt an Bildern,
die wir einzeln nicht ertragen können.
Denn wir können nicht mehr leiden.
Wir leiden nicht an einem totgeschlagenen Chilenen.
Wir leiden nicht an einer plattgefahrenen Kröte.
Wir können uns selbst nicht leiden.
Und unfähig zu trauern, haben wir das Lachen verlernt,
ein Lachen, das befreit - genauso wie Weinen.
Laßt uns werden wie die Kinder.
Laßt uns weinen über den gefällten Baum.
Laßt uns lachen über die Mächtigen der Welt.
Laßt uns lachen über uns selbst.

4. Kunststück: Sakramente

70. Was heißt, mit dem Blut und Geist Christi gewaschen sein?

In Anbetracht der Tatsache, daß Gase unter Druck ihren Aggregatzustand ändern und flüssig werden und unter Berücksichtigung der Geschichte würde ich sagen: Es bedeutet, mit *allen* Wassern gewaschen zu sein. Der bayrische Freistaatsbürger würde also sagen: Sauber! (Barbara Hornberger)

Mit dem Blute des Herrn Christi gewaschen zu sein, will uns eine Reinheit erfaßbar machen, die gleichsam hinter etwaigen Attributen zu finden ist. Blut ist rot, klebrig, riecht eisenhaft und wird hart, wenn es zu lange ungekühlt bleibt. Wir reinigen uns mit einer solchen Flüssigkeit keineswegs, wir beschmutzen eher. Es sein denn, Herrn Christi Blut wäre gar kein Blut in diesem Sinne. Die Frage ist: Warum wird es dennoch als Blut bezeichnet? Um uns die Überwindung vorzustellen, die es uns kosten soll, uns richtig gewaschen zu wissen? Hier könnte die Frage anschließen: Wie soll ein durchschnittlich begriffsbegabtes Menschenkind sich mit »Geist« waschen? Angenommen, es versucht sich mit »Geist« zu waschen: Woher weiß es, wann es sauber ist? Woher weiß es, wo es den »Geist« anfassen soll, damit er reinige, und ob der »Geist« als Lappen, also als Transmitter, oder als Seife, also als Medium, zu fungieren beliebt? Die Frage sei erlaubt: Schließt die Reinigung mit »Geist« auch intime Stellen ein? Holt »Geist« auch den Schmutz aus dem Bauchnabel? Hat Jesus uns gar mit seinem Blute beschmutzt, damit wir uns mit seinem »Geiste« wieder reinigen können? Diese neurotische Handlung könnte ein reinigendes Licht auf das bis heute noch immer nicht geklärte Abhängigkeitsverhältnis zwischen Herrn Christi und seinen Anbetern werfen. (Hans König)

72. *Ist denn das äußerliche Wasserbad die Abwaschung der Sünden selbst?*

Ja, rat 'mal, warum ich so oft baden gehe?! (Andreas Loos)

73. *Warum nennt denn der Heilige Geist die Taufe das Bad der Wiedergeburt und die Abwaschung der Sünden?*

Es ergab sich so. Es begab sich nämlich zu jener Zeit, zur Jännerzeit genaugenommen, daß es in Strömen regnete und der Heilige Geist das Auto nahm. Der Fußgänger war sehr ärgerlich und drohte mit einem Prozeß, zumal es ein neuer Mantel war. Da der Heilige Geist kein Geld dabeihatte und öffentliches Aufsehen vermeiden wollte, gab er sich zu erkennen.

»Herzlichen Glückwunsch«, sagte er, »Sie wurden soeben getauft.«

»Danke«, sagte der Mann, »wer zahlt die Reinigung?«

Der Heilige Geist lächelte milde: »Wisse, die Flecken der Sünde sind von dir genommen, von nun an sollst du ein neues Leben führen.«

Der Mann nickte, ging seiner Wege und nahm sich vor, in seinem nächsten Leserbrief die Mißstände im Vormundschaftswesen anzuprangern. Der Heilige Geist aber hatte Gefallen an dieser fröhlichen Planscherei gefunden und beschloß, sie den Geistlichen zum Ausgleich sonstiger Entbehrungen zum Geschenk zu machen. So geriet die Christenheit vom Regen in die Taufe. (Korelia Escher)

75. *Wie wirst du im heiligen Abendmahl erinnert und versichert, daß du an dem einigen Opfer Christi am Kreuz und allen seinen Gütern Gemeinschaft habest?*

Vollwert-Oblaten? Die heiligste Praline der Welt (ungesüßt)? Katholisch essen gehen? Schnackschnick. Statt schaler, blasser Weizenscheibchen dann irgendwann mal das Jüngste Gericht gekocht zu kriegen. (Eintopf verbindet ...) (Osti Osteroth)

76. *Was heißt, den gekreuzigten Leib Christi essen und sein vergossenes Blut trinken?*

Als Katholik war mir immer nur der »Leib Christi« vergönnt. Den Wein hat der Priester alleine getrunken. Als Meßdiener hatte ich das Vergnügen, hie und da auch mal einen Weihbischof zu bedienen, die haben immer mehr getrunken als unser Kaplan, der sich den Wein auch noch mit Wasser verdünnen ließ. Aber unsereiner? Nur Hostien ... und die klebten furchtbar am Gaumen. Jesus würde sich kaputtlachen über manche dieser komischen Sitten. Vor allem aber: wenn schon Wein und Brot, warum den Wein nur für den Priester? Beim letzten Abendmahl hat Jesus keine solche Abmachung getroffen. Deshalb habe ich als Meßdiener - zusammen mit meinen Kollegen - auch mal die eine oder andere Flasche trockenen Mosel-Meßweines weggetrunken - einfach nur der Gerechtigkeit halber. Da könnte ich noch viel erzählen. Abgesehen davon: bei meiner Beerdigung sollte die eine oder andere Flasche geleert werden - in Maßen! Im Sinne von: »Tut dies zu meinem Gedächtnis« (aber ohne irgendwelche Projektionen). (Norbert Alich)

78. Wird denn aus Brot und Wein der wesentliche Leib und das wesentliche Blut Christi?

Die Vorstellung, daß die Christen seit Jahrhunderten am Leib Christi 'rumknabbern, hat mir schon als Kind Angst eingeflößt. (Richard Rogler)

82. Sollen aber zu diesem Abendmahl auch zugelassen werden, die sich mit ihrem Bekenntnis und Leben als Ungläubige und Gottlose erzeigen?

Zugelassen werden Prüflinge, die alle erwünschten Erfordernisse eingehalten haben, und Autos, welche nach vorgegebenen Verordnungen fahren. Interessant wäre nun also die Überlegung, wie eine Zulassungsprüfung zum Abendmahl aussieht: *100 »Vater unser«, ab Nummer 50 jeweils rückwärts, immer kniend und lächelnd, dazu sechs Jahre Kirchenchor oder Sacropop-Band, bei letzterem nur 30 »Vater unser« rückwärts.* Schön auch der Gedanke, daß bei vielen so schnell Prüfungsangst aufkommt und sie dadurch voller Ehrfurcht und mit angstgeweichten Knien in die Kirche schreiten werden. Wiedermal ein Moment voller Gelassenheit und Entspanntheit im Haus Gottes.- Ab wann ist der Mensch ungläubig und gottlos? Entscheidet die Kirche darüber, hat sie vorher den lieben Gott gefragt? Ist ein humorloser Kirchenhirt überhaupt gläubiger als ein blasphemischer Clown? Der liebe Gott wird es schon wissen. (Thomas Philipzen)

85. Wie wird das Himmelreich zu- und aufgeschlossen durch die christliche Bußzucht?

Durch die siebenschwänzige Peitsche! (Härter bis Wolkig Faxenkombinat) Das weiß Petrus allein. Jedenfalls ist es besser, Buße zu tun, als zu züchten. (Florian Frenzel)

Jürgen Erdmann (LUTHERRATTEN)

McChurch

Drei Stühle, dahinter rechts und links seitwärts versetzt zwei Café-haus-Tische (für 1. SprecherIn und 2. SprecherIn). Alle kommen nacheinander auf die Bühne. Die Werbemelodie wird von allen gesungen. 3. SprecherIn, 4. SprecherIn und 5. SprecherIn stehen bei jedem Satz auf, während 1. SprecherIn und 2. SprecherIn an ihren Tischen bleiben: 1. SprecherIn auf einem Tisch sitzend, 2. SprecherIn am Tisch stehend.

3. SprecherIn *(kommt auf die Bühne)*: Die Fast-Food-Kette McDonalds ...

Alle: *(gesungen)* ... ist einfach gut ...

3. SprecherIn: ... hat der EKD ein Jahrhundert-Angebot gemacht:

Alle: *(gesungen)* ... ist einfach gut ...

5. SprecherIn *(kommt auf die Bühne)*: Sonntags zwischen 10 und 11 Uhr können Kunden in jeder Filiale der Fast-Food-Kette beide Sakramente erhalten, ohne lästige Anmeldeformalitäten auf sich nehmen zu müssen.

3. SprecherIn: Ein Pauschalabkommen, ...

5. SprecherIn: ... für das McDonalds eine nicht näher genannte siebenstellige Stumme zur Verfügung stellt ...

4. SprecherIn: ... und das für die Schaffung längst überfälliger repräsentativer Dienst- und Wohnsitze für leitende Kirchenmänner verwandt werden soll, ...

2. SprecherIn *(kommt auf die Bühne)*: ... macht's möglich.

4. SprecherIn: Entbürokratisierung der gemeindlichen Arbeit, Stärkung der volkskirchlichen Strukturen, Schaffung

einer ganz neuen sakramentalen Plausibilität soll die erfreuliche Folge sein.

3. SprecherIn: Wenn endlich das bekannte gelbe »M« ...
1. SprecherIn *(kommt auf die Bühne)*: ... demnächst über Ihrer Kirche leuchten wird ...
2. SprecherIn: ... kann sich jeder Interessierte von den Vorteilen dieser neuen Regelung selbst überzeugen.
5. SprecherIn: Nach Einwurf eines Fünfmarkstückes in die Eucharistie-Box kann sich jeder Abendmahlshungrige ...
3. SprecherIn: ... die Oblaten selber ziehen ...
4. SprecherIn: ... den Wein dem Getränkespender ...
2. SprecherIn: ... Marke »sub utraque specie« ...
1. SprecherIn: ... in beiderlei Gestalt ...
4. SprecherIn: ... entnehmen.
5. SprecherIn: Nach dem weiteren Einwurf eines Zwei-Markstückes in die Holy-Music-Box ertönen die Einsetzungsworte und ein Lied ...
3. SprecherIn: ... wahlweise gegen Einwurf eines weiteren Fünf-Mark-Stückes die ganze Abendmahlsliturgie.
1. SprecherIn: Und das klappt immer?
2. SprecherIn: Nicht immer, aber immer ... *(4. SprecherIn hält ihm/ihr den Mund zu)*
4. SprecherIn: Als besonders fortschrittlich werten wir die Zusage der Restaurant-Kette, kein Plastik-Geschirr zu verwenden.
5. SprecherIn: Immer noch Nicht-Christ?
2. SprecherIn: Ordinärer Heide oder Stasi-Vergangenheit?
4. SprecherIn: Der TAUF-O-MAT, das revolutionäre Kirchen-Eintritts-Schnell-Aufnahme-Verfahren, macht's möglich!
5. SprecherIn: Stellen Sie sich gesenkten Hauptes vor das Sprühventil des TAUF-O-MAT.
3. SprecherIn: Werfen Sie zwei Fünf-Mark-Stücke in den Geldeinwurf-Schlitz.

4. SprecherIn: Warten Sie, bis das Band mit den Worten des Taufbefehls nach Matthäus 28 abgespielt ist ...
1. SprecherIn: ... und der Sprühautomat Sie dreimal mit Taufwasser eingenäßt hat.
5. SprecherIn: Entnehmen Sie die Taufquittung aus dem Automaten und kleben Sie sie umgehend in Ihr Familienstammbuch.
3. SprecherIn: Bei Störungen des Automaten wenden Sie sich bitte an die angegebene Telefonnummer und drükken Sie den Geldrückgabeknopf.
2. SprecherIn: Bei Nichtbefolgen der Anweisungen kein Gelderstattungsanspruch.
4. SprecherIn: Keine Haftung bei Verlust von Kleinkindern oder Taufkerzen.
1. SprecherIn und 2. SprecherIn: Jetzt zugreifen! Klerikal 2000: Unschlagbar übertragbar!
3. SprecherIn: Einführungssonderangebot des Sakramentsverbundes:
5. SprecherIn: Sakramentsstufe 1 für normale Bekehrungen.
3. SprecherIn: Sakramentsstufe 2 bei beabsichtigten kirchlichen Karrieren.
4. SprecherIn: Kurzzeitsakramentsausweis bei Mußehen oder plötzlichen Todesfällen.
2. SprecherIn: Ein neues Denken für eine neue Zeit!
1. SprecherIn: Wir haben verstanden!

Alle: Warnung:

5. SprecherIn: Ein erhöhtes Sakramentsgeld von DM 60,- wird erhoben, wer in den Gottesdiensten ohne gültigen Taufausweis angetroffen wird.
1. SprecherIn: Ersparen Sie sich und uns den damit verbundenen Ärger.
4. SprecherIn: Eine Strafverfolgung durch die Lehrbeanstandungskammer Ihrer Kirche bleibt hiervon unberührt.

Alle: Hinweis:
5. SprecherIn: In allen McDonalds-Filialen finden Sie die notwendigen Nottaufe-Instrumente.
3. SprecherIn: Einfach die Scheibe einschlagen und die Wasserspritzpistole mit dem eingravierten Kreuz entnehmen.
1. SprecherIn: Vergessen Sie nicht, zwei Restaurantgäste zu bitten, sich als Taufzeugen zur Verfügung zu stellen.
5. SprecherIn: Taufe, ...
4. SprecherIn: ... Konfirmation, ...
3. SprecherIn: ... Trauung ...
1. SprecherIn und 2. SprecherIn: ... oder Beerdigung?
1. SprecherIn: Es ist dir gesagt ...
4. SprecherIn, 3. SprecherIn, 5. SprecherIn: ... Mensch! ...
2. SprecherIn: ... was gut ist!
Alle: JETZT NEU!
5. SprecherIn: Wir präsentieren Ihnen die presbyterial-synodale Slot-Machine:
2. SprecherIn: Den ersten liturgischen Glückspielautomaten, demnächst auch in Ihrer Kirche.
1. SprecherIn: Und hier der Gewinnplan:
5. SprecherIn: 1 x Schwarzwurzel: eine einmalige kostenlose Sexualberatung in einer katholischen Kirche Ihrer Wahl.
3. SprecherIn: 2 x violette Halstücher: Ihr privater umweltfreundlicher Müllcontainer für evangelikalen Abfall und modernes geistliches Liedgut.
4. SprecherIn: 3 x goldene Glocken: Lebenslange Gottesdienstbefreiung.
1. SprecherIn: 3 x Joker: Freie Auswahl!
2. SprecherIn: So muß evangelische Kirche aussehen!
1. SprecherIn: Dann klappt's auch mit dem katholischen Nachbarn.

Taufe

Wolfram Behmenburg (Klüngelbeutel)

Untergetaucht
Eine katechetische Kriminalgeschichte

Er lag hinter dem Taufbecken und war sehr tot. Das aufgedunsene Gesicht gab ihm ein merkwürdig altersloses Aussehen. Als sei er heute nicht das erste Mal gestorben.

Harry steckte die Lupe wieder ein. Er hatte sie gar nicht gebraucht, aber er fand immer, daß ihm eine Lupe gut stand. Und hier, im Blickfeld dieser sechs feindseligen Augenpaare, hatte der Gedanke etwas Beruhigendes, daß er wie ein Detektiv aussah.

Als er sich erhob, war er der einzige im Raum, der sich bewegte. Der Küster war gerade hinausgeschlürft. Er hatte Harry versprochen, die Türen fest abzusperren und keinen hinauszulassen, bis Harry ihm die Anweisung dazu gab.

Der Küster war es auch gewesen, der Harry gerufen hatte: »Herr Harry, Herr Harry, kommen Sie schnell!« Offenbar noch unter dem Eindruck des Schreckens hatte er ihm hastig erzählt, was vorgefallen war: Eine Taufgesellschaft war angemeldet gewesen an diesem Sonntagnachmittag. Nein, sie bräuchten den Pfarrer nicht, sie hätten alles dabei. Sogar das Taufwasser würden sie mitbringen. Also hatte er nur die Kirche aufgeschlossen und war in seine Wohnung zurückgegangen, um seinen Mittagsschlaf zu halten. Aber als er dann zurückkam, um aufzuräumen, fand er die Taufgesellschaft in heller Aufregung um den Altar herum. Wir haben ihn gerade erst entdeckt! Einer nach dem anderen redeten sie auf ihn ein. Dann erst hatte er selbst ihn gesehen: den Körper, der hinter dem Taufbecken lag und der so furchterregend unlebendig wirkte. »Herr Harry, Herr Harry, kommen Sie schnell!«

Na, dachte Harry, sehr aufgeregt sehen die mir aber nicht aus. Eher so, als müßte man ihnen jedes Wort aus der Nase ziehen.

Während er sein Notizbuch aus der Manteltasche zog, musterte er die sechs Verdächtigen. So also muß man aussehen, dachte er, um eine Taufe zu überleben. Höchst sonderbar.

Ganz rechts saß ein Alter mit einem Gesicht wie aus Leder. Er hatte sich anscheinend die Ritterrüstung aus dem letzten Karneval angezogen einschließlich Visier. Rittlings saß er auf seinem Stuhl und schien den Eindruck erwecken zu wollen, als würde er gerade in seine Burg hineinreiten.

Der daneben, dachte Harry, das wird wohl der Pfarrer sein. Schwarzer Talar, Halskrause. Nein, halt, die kurzen Haare täuschen. Das ist eine Frau. Richtig, das gibt es ja auch heute.

Vor der Schwarzberockten sah Harry eine ganz abgerissene Gestalt. Barfuß und in einem lumpigen Gewand undefinierbaren Alters kauerte er auf dem Boden. Nur in seinen

Augen leuchtete es manchmal wie Feuer. Der könnte gut den Schweinehirten spielen, dachte Harry, in der Operette, na, wie hieß die doch gleich?

Aber da platzte auf einmal von der anderen Seite ein komischer Zwerg in seine Gedanken hinein: Urplötzlich sprang er auf, tanzte dreimal um seinen Stuhl herum und setzte sich genauso plötzlich wieder auf seinen Platz zurück, von dem aus die Beine kaum den halben Weg hinunter zum Boden reichten.

Harry schüttelte leicht den Kopf und nahm dann die Musterung der stummen Taufgesellschaft wieder auf. Neben dem Schweinehirten und der Geistlichen sah er einen weiteren Gast, der ihn verblüffte: eine korpulente Frau mittleren Alters mit Schürze, aufgekrempelten Ärmeln und Kopftuch, die aussah, als sei sie geradewegs einer Waschküche entsprungen.

Nur der letzte der sechs bereitete Harry keine Überraschung. Außer vielleicht dadurch, daß er in dieser skurrilen Gesellschaft so verdächtig normal aussah. Zwischen der Waschfrau und dem Zwerg saß ein grauer Herr in grauem Anzug, Krawatte um den Hals und ins Gesicht den Ausdruck der eigenen Wichtigkeit eingemeißelt.

»Warum«, begann Harry auf gut Glück und ohne einen der Anwesenden dabei zu fixieren, »sind Sie hier zusammengekommen?«

»Wir waren zu einer Taufe eingeladen.« Es war der graue Herr, der mit tonloser Stimme als erster das Schweigen brach.

»Eingeladen?« Harry witterte sofort eine Spur. »Von wem?«

»Na, von der Kirche natürlich. Wir werden zu jeder Taufe eingeladen.«

»Sie alle?« Harry ließ den Blick noch einmal über die Anwesenden gleiten, vom reitenden Ritter auf der einen bis zu dem Zwerg auf der anderen Seite. »Sie alle werden von der Kirche zu jeder Taufe eingeladen?«

»Ja.« Wieder war es der graue Herr, der ihm antwortete. »Die Kirche braucht uns dafür.«

»Und den da braucht sie nicht mehr, was?« Harry war wieder bei der Leiche. Er hatte lauter gesprochen, als er eigentlich beabsichtigt hatte. Aber das geheimnisvolle Gerede des Grauen hatte ihn nervös gemacht.

»Das ist uns allen völlig unerklärlich.« Jetzt war es die Geistliche, die ihm antwortete.

Harry starrte sie an.

»Wenn alles normal gegangen wäre«, fuhr sie fort, »hätten Sie keinen von uns mehr hier angetroffen. Wir wären längst wieder weggewesen, wie sonst auch, wenn nicht ...«

In diesem Moment hüpfte auf der anderen Seite wieder der Zwerg hoch, wieselte dreimal um seinen Stuhl herum, bevor er mit einem Sprung auf seinen Platz zurückplumpste.

Harry spürte, wie ihm allmählich der Boden unter den Füßen wegsackte. Er mußte sofort etwas unternehmen, um die Initiative zurückzugewinnen.

Ach ja, er hatte ja immer noch das Notizbuch in der Hand. Er schlug es irgendwo auf, nahm seinen Stift heraus und ging schnurstracks auf den reitenden Ritter zu.

»Name?«

»Karl der Große.«

Was ging hier vor? Harry beschloß, sich seine Verblüffung nicht mehr anmerken zu lassen. Sarkastisch fragte er: »Und Sie reiten zu allen Taufen hierzulande?«

»Bitte?!« Der Ritter schien sehr wohl zu spüren, daß er hier nicht ganz ernstgenommen wurde. Sein Blick hatte plötzlich etwas höchst Bedrohliches, als hätte er sein Schwert schon an Harrys Gurgel gesetzt. Harry mußte vorsichtiger sein.

»Ich meine«, fuhr Harry fort, »wann immer hierzulande getauft wird, Sie sind dazu eingeladen. Ist das richtig?«

»Das ist richtig.«

»Und in welcher Eigenschaft, wenn ich fragen darf?«

»Ich bin der Ahnherr des christlichen Abendlandes. Ohne mein Schwert hätten die Germanen niemals die Taufe akzeptiert. Wasser oder Tod – war meine Devise. Außer den Sachsen habe ich damit ja auch fast alle überzeugt.«

Jetzt hatte er selber vom Töten gesprochen! Harry entschloß sich zu einem Frontalangriff. Vielleicht hatte er Glück:

»Sie geben also zu, das Morden zu beherrschen. Sie haben nicht zufällig auch den Mann dort hinten auf dem Gewissen?«

»Guter Mann«, zum ersten Mal wandte der Ritter jetzt seinen rüstungsbewehrten Kopf in Harrys Richtung. Über sein ledernes Gesicht schien dabei fast so etwas wie ein Lächeln zu huschen.

»Erstens habe ich mein Schwert nur gegen die eingesetzt, die *nicht* zur Taufe kommen wollten. Dieser hingegen war doch schon am Taufbecken. Und zweitens ist der Mann dort hinten nicht mit dem Schwert erschlagen, sondern ersäuft worden.«

Harry triumphierte. Diese Herrschaften schienen doch erheblich mehr zu wissen, als sie vorgaben. Der Ritter jedenfalls hatte sich mit seinen kühlen Schlußsätzen ganz erheblich verraten. Ersäuft! Davon war bisher noch mit keinem Wort die Rede gewesen. Daran ließ sich anküpfen. Sofort fiel ihm die Waschfrau ein. Er schlenderte zu ihr hinüber und baute sich vor ihr auf.

»Name?«

»Klementine.«

»Beruf?«

»Waschmittel-Werbung«

Aha, dachte Harry. Das Gesicht kam mir doch von Anfang an irgendwie bekannt vor.

»Sind Sie auch bei jeder Taufe eingeladen?«

»Aber natürlich! Ich bin doch die Allerwichtigste! – Schließlich bin ich für die Sauberkeit zuständig. Und die ist bei der kirchlichen Taufe ebenso unerläßlich wie bei der anschließenden Familienfeier. Ob Sünden, Soßen oder Schweiß: Ich wasche alles blütenweiß.«

Harry sah sie an. Diese Frau war zu allem fähig. Er notierte sich gerade den Reim, als sie noch einen draufsetzte:

»Wie schon Jesaja sagt: Wenn eure Sünde auch blutrot ist, soll sie doch weiß werden wie Schnee.«

Da war sie: die nächste Spur: »blutrot« hatte sie gesagt. Ob sie jemanden deckte? Wen wollte diese Sauberfrau weißwaschen?

Im gleichen Moment und noch bevor der Zwerg wieder von seinem Stuhl rutschen konnte, um sich zum nächsten Mal in seine Umlaufbahn zu begeben, erhob sich die Geistliche: »Wir sollten nicht länger Versteck spielen mit dem Herrn.«

Sie sagte das mit einer solchen Sanftheit in der Stimme, daß Harry unwillkürlich überlegte, ob er heute abend schon etwas vorhatte. Aber halt – da war doch noch was? Richtig, diese Leiche!

Die Frau fuhr fort: »Ich denke, es ist in unser aller Interesse, wenn uns der Herr nicht weiter dieses schrecklichen Verbrechens verdächtigt. Warum sollen wir ihm nicht offen sagen, wer wir sind und was wir hier tun? Sehen Sie, wir sechs, wir sind gleichsam das Fundament der Taufe. Die Taufe kann in der Kirche nur funktionieren, wenn auch wir dabei sind. Deshalb schickt uns die Kirche auch jedesmal eine Einladung.«

Sie lächelte.

Mit wenigen Schritten war sie bei dem Ritter. »Zwei von uns kennen Sie ja bereits: Kaiser Karl, unseren Mann fürs Grobe, und die gute Klementine. Und die anderen sollen Sie nun auch kennenlernen.«

Harry nahm sich vor, sich nicht einlullen zu lassen von diesem ungewöhnlichen Friedensangebot. Aber zugleich war er doch gespannt, wie es nun weiterging.

Die Frau war unterdessen zu dem Zwerg gegangen. »Der hier«, sie zeigte dabei nach oben, denn der Kobold war ihr gerade auf die Schultern gesprungen und wippte nun dort herum wie ein Zirkusaffe, »das ist ...« Sie winkte Harry ganz nahe zu sich und flüsterte ihm ins Ohr: »Das ist: Rumpelstilzchen. Aber: Pssst!«

Während Harry noch versuchte, sich den Geruch ihrer unverhofften Nähe zu merken, fügte sie hinzu: »Der ist unser Spezialist für die Namen. Sie wissen schon: die Namen, auf die man getauft wird. Da ist keiner so erfinderisch und zugleich so pingelig wie er. Im übrigen ist er ziemlich harmlos. Er versucht zwar gelegentlich immer noch, einer Mutter den Säugling abzuluchsen. Aber gegen Erwachsene ist er noch nie tätlich geworden. Also ihn können Sie gleich streichen von Ihrer Liste.«

Harry sah, wie sie den Zwerg liebevoll von ihren Schultern hob. Er wünschte sich auf einmal, ein Zwerg zu sein. Derweil war sie bereits zu dem barfüßigen Schweinehirten gegangen.

»Ibn Gerasa, unser Geist-Erfahrer«, stellte sie ihn vor und lachte dabei. »Er steht dafür ein, daß der Exorzismus bei der Taufe funktioniert: Teufel raus, Geist rein.« Ihre Hände machten dabei mystische Spiralbewegungen durch die Luft. Aus dem Lachen war jetzt ein geheimnisvolles Lächeln geworden. »Gelegentlich passiert es ihm schon mal«, fuhr sie fort, »daß die Geister, die er austreibt, in Schweineherden fahren, die sich dann ins Meer stürzen und ersaufen. Aber«, dabei drehte sie sich um zu der Leiche, »davon kann in unserem Fall ja bedauerlicherweise keine Rede sein.«

Harry fiel es immer schwerer, bei der Sache zu bleiben. Wo war er hier hineingeraten?

»Bleibt also nur noch ein letzter Verdächtiger.« Sie war zu dem grauen Herrn gegangen. »Darf ich vorstellen: Unser Oberkirchenrat, Herr Nikolaus.«

Der graue Herr erhob sich und reichte Harry förmlich seine rechte Hand. Sie war feucht und sehr kalt. Sofort fiel Harry die Leiche ein.

Aber sie sprach schon weiter: »Oberkirchenrat Nikolaus hatte nun wirklich kein Motiv. Im Gegenteil.«

»Sehen Sie«, noch immer hielt der Oberkirchenrat Harrys Hand und ließ sie auch bei den folgenden Sätzen nicht los, »unsere Theologen sagen immer: Das Wichtigste bei der Taufe ist, daß sie umsonst ist. Nun, als Verwaltungsmensch, der ich bin, kann ich das theologisch natürlich nicht so genau beurteilen, aber vermutlich stimmt es. Theologie ist ja fast immer umsonst. Kirchenrechtlich hingegen liegt der Fall völlig anders. Da ist die Taufe nämlich alles andere als umsonst. Schließlich ist sie die Begründung der Kirchensteuerpflicht.« Dabei grinste er derart breit, daß Harry kaum Erleichterung empfand, als der Herr Nikolaus seine Hand endlich losließ und sich wieder setzte.

Aha, dachte Harry, der graue Herr ist also fürs Mitgliederzählen zuständig bei der Taufe. Als Mörder kam er damit in der Tat kaum mehr in Frage. Wer tot ist, kann auch nicht mehr zahlen. Andererseits war dieser ... Doch er kam nicht mehr zu Ende mit dem Gedanken. Denn plötzlich durchzuckte ihn eine fatale Erkenntnis: Diese bezaubernde Geistliche, die ihm da gerade so viel Arbeit abgenommen hatte – sie hatte ihm wohl tatsächlich ein wenig den Kopf verdreht. Der graue Herr war keineswegs der letzte Verdächtige. Da war ja noch - sie!

Harry mußte unbedingt den Kopf freibekommen. Ohne darüber nachzudenken, holte er die Lupe aus der Innentasche seines Mantels und ging noch einmal zu der Leiche. Er wollte dem Toten nur noch einmal kurz in die Augen schauen, um sich dabei zu sammeln. Dabei fiel ihm auf einmal das kleine Büchlein auf. Es lag fast ganz verdeckt unter dem verdrehten rechten Arm der Leiche. Als er es hochnahm, las er auf dem durchgeweichten Titelblatt: »Martin Luther - Der kleine Katechismus«. Er blätterte in dem dünnen Heft und seine Gedanken rasten. Er spürte, er war der Lösung ganz nahe. Aber immer wieder entglitt sie ihm.

Mechanisch untersuchte er die Taschen des Toten. Aber auch das brachte ihn nicht weiter. Er fand nichts außer einer fast leeren Zigarettenschachtel, einem Bierdeckel mit einer kaum mehr lesbaren Telefonnummer und einem schmutzigen Taschentuch. Immerhin: »Für A. Adam« hatte eine liebevolle Hand in das Tuch gestickt. Es half nun alles nichts mehr. Er mußte zu ihr hin. Aber, als hätte sie seine Gedanken erraten, rief sie, noch ehe er sich ganz umgedreht hatte: »Ja, Sie spekulieren richtig: Ich hatte ein Motiv.«

Er hatte keine Ahnung, wovon sie sprach. Aber sollte sie nur weiterreden.

Und sie redete weiter: »Schlagen Sie Ihr Buch auf und schreiben Sie: Name: Maria. Funktion: Bischöfin.«

Ohne zu zögern, schrieb er die Worte in sein Notizbuch. Sprich weiter, sprich weiter, bat er innerlich.

»Ich bin noch nicht so lange dabei wie die anderen«, fuhr sie fort. »Ich bekomme erst seit kurzem diese Einladungen. Ich weiß inzwischen, daß ich sie bekomme, weil ich eine Frau bin. Getauft werden, das hat die Kirche erkannt, heißt: in Frauenhände gegeben werden - und nur in Frauenhände.«

Während Harry noch darüber nachdachte, wie es sich wohl anfühlen würde, in ihre Hände gegeben zu sein, sprach sie weiter: »Die Mutter, die Erzieherinnen im Kindergarten, die Mitarbeiterinnen im Kindergottesdienst, schließlich die Pfarrerin – überall nur Frauenhände.«

Plötzlich wurde ihm klar, worauf sie hinauswollte: Der Tote war ja ein Mann!

Wieder kam sie ihm zuvor: »Aber ich habe ihn nicht getötet.« – Jetzt sah sie ihm gerade ins Gesicht. »Das müssen Sie mir glauben. Bitte!«

Harry spürte es fast körperlich, daß irgend etwas hier nicht stimmte. Und er wußte immer noch nicht, was es war. Erst als draußen ein Motorrad angelassen wurde und mit aufheulendem Motor davonbrauste, setzten sich die Puzzleteilchen in seinem Kopf implosionsartig zu einer bösen Überraschung zusammen: Der Küster! Hatte er nicht gesagt, er heiße Martin? Martin Luther? Das war doch derselbe Name wie der Verfasser des kleinen Heftchens, das er bei der Leiche gefunden hatte! – Und hatte er selbst nicht innerhalb weniger Minuten zweimal den Namen »Adam« gelesen? Auf dem Taschentuch des Toten – und in diesem Katechismus! Da hatte dieser Martin Luther doch ganz ungeniert dazu aufgerufen – den alten Adam zu ersäufen! Es paßte alles. Die zweite Erkenntnis traf ihn dann aber fast noch härter: Hatte in dem Heftchen nicht sogar gestanden: »Täglich ersäufen«?

»Martin! Haaaalt!« schrie Harry und rannte zum Ausgang. Wie von Sinnen rüttelte er an den verschlossenen Türen des Gotteshauses. »Wir müssen ihn aufhalten, bevor er es wieder tut!«

Die Taufgesellschaft aber saß noch genauso da wie vorher. Und Bischöfin Maria sagte sanft: »Glauben Sie mir, Harry, das ist wirklich das erste Mal, daß ich erlebe, daß bei einer Taufe etwas passiert.«

Florian Schmidt / Andreas Winheller

Wasserspiele

Die Traufe, früher eher ein besonderes Ereignis, wird heute mehr und mehr zum realgottesdienstlichen Alltag. Bei der zunehmenden Zahl von Austritten muß eben die Nachwuchsarbeit gefördert werden, nach dem Motto: »Wir haben das Wasser, Sie die Kinder!« (Lasset die Kindlein zu mir kommen, denn die wehren sich nicht.) Doch so einfach die Zeremonie erscheint, so erforderlich ist doch höchste Konzentration für Eltern und Paten. Es ist schwierig, in der heutigen Zeit, in der man Gott und die Welt kritisiert, einen Chor von Ja-Sagern zu finden, der dazu noch ein sauber intoniertes, synchrones und raumfüllendes »Ja« zur rechten Zeit durch die Kirche schallen läßt. Deswegen empfehlen immer mehr leidgeplagte PfarrerInnen das Training zu Hause. Macht es einen nicht auch viel entspannter, wenn man schon mit der Gießkanne in der Badewanne geübt hat? Zur Vorbeugung vor schreienden Täuflingen gibt es jetzt eine Weltneuheit: Die Ganzkörper-Tauf-Pampers: denn auch wenn sie naß sind, sind sie schön trocken.

Verwandte, die wie Hollywood-Regisseure oder Tauf-*Akt*-Fotografen bei der Zeremonie um den Altar herumschleichen, seien gewarnt: wer zu spät blitzt, den bestraft das Leben, denn etwaige Wiederholungen wegen des großen Erfolges sind nicht möglich. Auf Wiedertäufer wartet die Inquisition.

Das Standardwerk RGG (*Religion in Geschichte und Gegenwart*) wartet noch mit einem ganz besonderen kirchenrechtlichen Tip auf: während die Mutter während des Gottesdienstes kurz rausgehen darf, um das Festmahl vorzubereiten, müssen Vater und Paten die ganze Zeit anwesend sein. Wir empfehlen deshalb eine Auswechselbank mit Ersatzpaten bei hartnäckigen Magen-Darmverstimmungen.

doppelpunkt

"Allianz"-Werbung

An einem 13ten, mein Sohn,
da wurdest du geboren.
An jenem Freitag dacht' ich schon:
»Mensch, der ist auserkoren!«
Ich lief sofort zu Pastor Hans
und sicherte dein Leben.
Jetzt bleibst du die ganze Zeit
an deiner Kirchensteuer kleben.

Denn wer sich bei Pastor Hans versichert,
hat sich sonntags einen Platz gesichert.
Der schließt vom ersten Orgelklang
ein Bündnis mit der Kirchenbank.
Pastor Hans sichert dein Leben!

Das Weißblaue Beffchen

Jeder für sich – keiner für alle

Personen: Pfarrer Protz (P)
Paul Protektor (V)
ein Kind (S)
Ort: Büro des Pfarrers
Requisite: Tisch, Stuhl, ein paar Bücher, Koffer, Metallkelch, Bierkrüge, Roter Handschuh

(Es klingelt.)

V: Pfarrer Protz?

P (*seelsorgerlich*): Ja, der bin ich.

V *(korrekt)*: Gestatten. Protektor. Paul Protektor!

P: Kommen Sie doch herein. *(bietet einen Stuhl an, legt seine auf Vs Hand)* Wie kann ich Ihnen denn helfen?

V: Nun, eigentlich bin ich hier, um Ihnen zu helfen ...

P (*zieht Hand zurück; sichtlich beunruhigt*): Wie, äh soll ich das verstehen?

V: Ich vertrete die Firma Sauber, Sicher & Steril und bin, um's frei heraus zu sagen, hier, um Sie und Ihre Lieben vor tödlicher Krankheit zu bewahren.

P: Tödliche Krankheit?

V: Sie haben sicher schon von AIDS gehört.

P *(erschrocken)*: Aber - ich gehör doch nicht zu den Risikogruppen - ich bin doch Pfarrer.

V: Aber Herr Protz, Sie wissen doch selbst am allerbesten, daß Sie zu den gefährdeten ...

P *(stürzt panisch auf V. zu und hält ihm den Mund zu)*: Psst, nicht so laut! - Mutter? *(lauscht, keine Antwort; dann flüsternd)* - Überhaupt, woher wissen Sie?

V *(befreit sich von der Knebelung)*: Wieso regen Sie sich eigentlich so auf? Die Zeiten, in denen diese Dinge als großes Geheimnis behandelt wurden, sind ja nun wirklich vorbei ... Daß Sie zu einer Risikogruppe gehören, ist doch Teil der öffentlichen Diskussion! Erst letzte Woche war da ein Artikel im Sonntagsblatt ...

P (*wird immer panischer, laut*): Im Sonntagsblatt? *(dann leise.)* Im Sonntagsblatt? *(stützt sich auf die Stuhllehne)* Aber ich hab doch nur ...

V: Ich sehe schon, Sie haben sich den Ernst Ihrer Situation noch nie so recht bewußt gemacht.- In, mit und unter der traditionellen Art und Weise lauert der Virus in mindestens dreierlei Gestalt. Aber, seien Sie ganz ruhig. Ich biete Ihnen und Ihren Lieben 100% Schutz.- Wenn ich Ihnen einmal unsere neue Kollektion *(öffnet Koffer)* vorstellen dürfte.

P (*springt wie von der Tarantel gestochen auf und knallt den Koffer wieder zu*): Sind Sie wahnsinnig? Meine Mutter kann jeden Moment hereinkommen!

V *(hat allerdings schon einen Kelch in der Hand)*

P: Was! Jetzt sind die Dinger schon aus Stahl?

V: Ein Stück unserer neuen Abendmahlskollektion. Wenn Sie die Hand von meinem Musterkoffer nehmen, kann ich Ihnen auch noch den Rest unserer Serie »Communio sterilis« vorstellen.

P: Ach – *(sehr erleichtert)* Abendmahl? Ja. Ich verstehe. Aber natürlich! Zeigen Sie nur. Nur zu! Worauf warten Sie noch?

V *(holt ermutigt mehr aus dem Koffer)*: Unser Standardvorschlag unter dem Motto: Vom polylabialen Gemeinschaftskelch zum monolabialen Einzelkelch. Jeder bekommt seinen eigenen Kelch. Sauber, steril und absolut hysterisch – äh, ich meine hygienisch! Und das ist unsere neueste Entwicklung: Das individuell gestaltete Stammglas *(zieht große und kleine Bierkrüge heraus)*. Hier unsere Serie »Bavaria Blue«. Auf Wunsch kann auch der Konfirmationsspruch eingraviert werden.

P: Ja, das ist ja alles sehr ansprechend, aber mir scheint das etwas kompliziert zu werden mit all den verschiedenen Kelchen: Und dann die Reinigungsarbeiten. Unsere Mesnerin klagt sowieso schon ständig.

V: Vielleicht wäre für Sie dann eher das neuerdings wieder im Aufwind begriffene Modell »Intinctio« das richtige. Wegen seiner Nähe zur katholischen Praxis und seiner unübertroffenen Sicherheit haben wir die betreffende Kollektion »Kondommion« genannt. Unverständlicherweise hat diese ökumenische Initiative katholischerseits eine gewisse Reserviertheit hervorgerufen.– Hostie oder Brot werden in den Kelch getaucht und eingenommen. Wir bieten hierzu auch Seidenhandschuhe in den liturgischen Farben an.

P *(zieht einen Handschuh in rot heraus)*

V: Das ist unser Modell »Pfingsten«. *(fährt dann fort)* Das Trinken aus dem Kelch entfällt. Ich kann Ihnen das gern einmal vorführen: *(führt vor)* Sauber, hygienisch, steril. *(Brot fällt in den Kelch, er fischt den Brocken verlegen mit den Fingern aus dem Kelch.)* Wir erproben z. Zt. eine Reihe neuer Brotsorten auf Kautschukbasis.

P: Also ganz überzeugt mich die Sache auch noch nicht. Haben Sie denn nichts wirklich Zukunftsweisendes?

V *(etwas ratlos)*: Naja, ich weiß ja nicht, wie weit Sie gehen wollen, man könnte natürlich den Kelch auch wieder ganz abschaffen beziehungsweise für jemanden reservieren, der dann stellvertretend für alle trinkt ...

P *(in Gedanken versunken)*: Ja, daran hab ich auch schon mal gedacht. *(dann empört, heroisch)* Äh, ich meine natürlich nein, auf keinen Fall! Sagen Sie mal, sind Sie katholisch? Nie werden wir zurücknehmen, was wir uns in der Reformation erkämpft haben ... *(kleinlaut)* es sei denn, es ist unumgänglich.

(Ein Kind kommt ins Zimmer gerannt.)

S: Peng, Peng, Peng. Hände hoch oder ich schieße! *(spritzt mit seiner Spritzpistole dem Vertreter ins Gesicht)*

P: Willst du wohl aufhören! *(entreißt ihm die Spritzpistole, Kind rennt raus. Protz etwas verlegen)* Entschuldigen Sie bitte, ... Nachbarskinder ...

V *(starrt fasziniert auf die Spritzpistole)*: Macht nichts, macht nichts. Darf ich mal haben? *(P verwirrt, gibt ihm die Spritzpistole. V spritzt aufs Publikum zu.)* Ich glaube, ich habe da eine Idee ... *(ab)*

Erwin Grosche

Trauerrede für eine Fruchtsaftsorte

Gibt es überhaupt noch Tri Top
diesen Fluchtsaft in zwölf Sorten?
Gibt es überhaupt noch Tri Top
diese Persiflage auf die heilige Brotvermehrung
auf die Umwandlung von Wasser in den Wein zu Kanaan?
(Aus eins mach sechs)
Gibt es überhaupt noch Tri Top
diesen nichtsnützigen Ausnützer spießiger Sparsamkeit
diesen klebrigen Vitaminträger kleinbürgerlicher Koketterie?

Wir haben deine Farben geglaubt
und sie verbunden mit Wald und Wiese
doch schon deine ovale Flaschenform
und dieser weiße Plastikverschluß - geriffelt -
hätten uns warnen sollen ...

Doch nun genug davon
nun quälst du keine Sterne mehr
du bist verblaßt in lautem Klirren
wir gedenken deiner beim Stuhlgange
und hoffen, daß alles nur ein
großer klebriger Alptraum gewesen sein mag ...

Wir vermissen dich nicht
doch du fehlst uns
du hast unsere Jugend begleitet
wie Fury, Lassie, Peter Radenkovic und Prickel-Pit

Abendmahl

Nun heißen alle Schuster Mister Minit
und die Fischgeschäfte Nordsee
die Rex Gildos Shakin' Stevens
und die Kneipe um die Ecke Lui, Roxy oder Red House
und die Rummelplatzlosbuden
Denver, Dallas oder Schwarzwaldklinik

Wir vermissen dich nicht
doch du fehlst uns
anhänglich wie du warst
und wenn du nur unserer Tränen Salz bedarfst
um unter neuem Namen wieder
Auferstehung feiern zu können
so nimm es ...
das wünschen wir dir alle ...
die nicht blieben ...
aber kamen ...

Amen

Andreas Winheller

Von Henkersmahlzeiten

Die Kirche muß sparen, schon klar. Doch trotzdem zieht sie an einigen Feiertagen die Spendierhosen an und bietet allen BesucherInnen neben beheizten Plätzen und geschmackvoller Instrumentalmusik auch ein gutbürgerliches Dinner, das *Herrenmahl*, zum Nulltarif (Abendessen: Kirche.) Da man dabei eher seltener die Herrentorte vom Konditor um die Ecke reicht, hat man sich dem Zeitgeist (seufz!) angepaßt und nennt selbiges heute meist Abendmahl. Durch diese Gratisspeisung reiht sich die Kirche ein in die großen karitativen Weltorganisationen wie Rotes Kreuz, Technisches Hilfswerk und die Beueler Stadtsoldaten. Hier nun die hemmungslose Enthüllung der geheimen Hintergründe und die Reformpläne der EKD: Ursprung des Abendmahls ist Jesu Henkersmahlzeit (»in der Nacht, da er verraten ward«). Nun war er zwar von Beruf Messias und allmächtig, aber noch nie ein großer Esser. Deshalb lud er mit den berühmten Worten »ich zahl die Zeche« alle seine Jünger ein. Nach Jesu Tod feierten die Jünger die *ever-so-happy-Jesus-memorials*, so wie sie es dem alten »Fresser und Weinsäufer« (Lk 7,34) schuldig waren: mit Alkoholika und einem guten Essen. Nun weiß jeder Jesus-Fan: der Meister hat gerade, wenn's ums Essen geht, immer ein paar gute Tricks auf Lager: unvergessen der legendäre Brotvermehrtrick oder der Schrecken aller Winzer, die Verwandlung von Wasser in Wein. Auch beim Abendmahl hatte er sich ganz etwas Besonderes einfallen lassen: mit einer Zauberformel, die noch heute jeder Pfarrer spricht, verwandelt er das Brot und den Wein in seinen Leib (von Laib zu Leib,

Wortwitz, haha!) und in sein Blut. Dieser Trick bekam sogar, als ein Herr Zwingli, vermutlich vom SPIEGEL, Zweifel anmeldete, das Luther-Echtheitszertifikat (volle Gegenwart von Leib und Blut Christi »in, mit und unter den Zeichen von Brot und Wein«: »das *ist* mein Leib«). Nun besteht zwar kein Grund, Panik vor dem Rinderwahnsinn zu bekommen (Jesus, das »Lamm Gottes«), aber für Vegetarier ist das schon ein schwerer Schlag. Deshalb: organisiert Euch, geht auf die Barrikaden und verlangt Vegetarier-Abendmahl ohne Einsetzungs- und Wandlungsformel. Bei dieser Gelegenheit bietet sich ohnehin an, die Speisekarte zielgruppenspezifisch zu ergänzen: das Kinderabendmahl (im Weinkrug: milupa-Tee und Muttermilch, statt Brot ein Löffel Alete-Brei), das Gourmet-Abendmahl für unsere guten Kirchensteuerzahler (Château Lafite-Bordeaux-Rotwein und Kaviar, das »Brot der Armen«) und das fast-food-abendmahl am *pray-in*-Autoschalter, für die kleine Segnung zwischendurch.

Auf Bitten unserer PfarrerInnen hier noch einige Verhaltensmaßregeln für den Genuß ohne Reue: Bitte nehmen Sie Ihren Platz im Abendmahlskreis nach der Reihe ein und füllen Sie bis vorne auf. Auch den Platz neben der Pfarrerin können Sie risikolos einnehmen, unser geschultes Abendmahlspersonal frischt das Deo vor jedem Gottesdienst auf. Wenn Sie trotz Ihrer Körpergröße von 2,30 m den heiligen Kelch nicht in die eigenen Hände nehmen wollen, dann bringen Sie sich bitte die bei jeder Küsterin erhältliche Klappleiter mit, um unserem Personal das lästige Kelch-Stemmen zu ersparen. Es ist erlaubt, den Wein zu trinken und nicht nur daran zu riechen; nicht erlaubt ist es, den Kopf so tief in den Kelch zu stecken, daß die verschniefte Nasenspitze unter den Wasserspiegel gerät. Überhaupt: lassen Sie sich nicht davon beeindrucken, daß Sie aus dem Kelch neben Christi Blut auch die Körpersäfte der Vortrinkenden aufnehmen: das stiftet Gemeinschaft, und außerdem gibt Ihnen unser Personal durch routiniertes Drehen des Kelches (»Hygiene-Spin«) und regelmäßiges Abwischen mit einem Taschentuch wenigstens ein Gefühl von Sauberkeit; auf Wunsch reichen wir Ihnen auch gechlorten Wein oder sprühen Ihre Zunge anschließend mit Desinfektionsmittel ein. Außerdem: wer den Abendmahlswein genüßlich schmatzend verkostet, über die Zunge rollen läßt und anschließend, wie bei jeder anderen Weinprobe üblich, wieder ausspeit, könnte die verwunderten Blicke der anderen auf sich ziehen. Die in Beueler Kirchen üblichen Weingläser aus farbigem Blech oder Ton stehen dem Weingenuß ohnehin stark entgegen, aber für elegante Rotweingläser (bei der Metro DM 1,- pro Stück) reicht das Geld nicht. Glasspenden nimmt aber jede Küsterin oder das Gemeindeamt gerne entgegen. Kritisch muß die Praxis gesehen werden, statt Wein Traubensaft zu verwenden. Zwar wird einem von Merziger Traubensaft immer herziger, aber dadurch werden die Leistungspflichten des Abendmahlgastes (»*Wein* zu Christi Gedächtnis trinken«) aus dem Gnadenvertrag (»neuer Bund in meinem Blut«) mit Herrn Jesus verletzt. Der könnte nun durch seine Anwälte Schadensersatz einklagen lassen oder seine Leistung (»Vergebung aller Eurer Schuld«, »ewiges Leben«) ebenfalls verweigern. Also Abendmahl mit Traubensaft nur bei guter Rechtschutzversicherung! Übrigens: seien Sie froh, daß Sie nicht katholisch sind! Dort ist die Abendmahlsrendite der Durchschnittsgläubigen deutlich schlechter. »Bei uns säuft der Pfaffe trotz gleicher Kirchensteuer den Wein immer alleine aus, und wir haben die ganzen Krümel im Mund«, beschwert sich Renate F. von den Anonymen.

Amt der Schlüssel / Beichte

Schwester & Bruder GmbH

Gemeindeschlüsselkultur

Eine Person in grüner Schürze mit grünen Handschuhen steht vor einer Batterie von 5 Tontöpfen mit irgendwelchen Pflanzen, eine Szenerie im Sinne der Fernsehsendung »Wir graben um ...«

Guten Abend, meine Damen und Herren, ich bin Botaniker, Kirchen-Botaniker, die Pflege der Gemeinde-Schlüsselkulturen, der Pflanzen und Pflänzchen in der Gemeinde liegt sozusagen in meinen Händen. Die wichtigsten Exemplare meiner Arbeit habe ich Ihnen einmal mitgebracht und möchte sie Ihnen einmal vorstellen:

Hier haben wir als erstes die *Zentralis hybris*, die Küchenschlüsselfuchsie, eine Art unscheinbares Küchenkraut, ähnlich dem »Fleißigen Lieschen«. Sie gedeiht nur auf einer stabilen Resopalplatte und entwickelt sich nur in ordentlicher Abgeschiedenheit - normalerweise hat da ja auch niemand etwas zu suchen außer den Erwählten der Frauenhilfe.

Die Blütezeit der *Zentralis hybris* ist eindeutig vor, während und nach dem Gemeindefest. In dieser Zeit werden alle anderen Pflanzen völlig verdrängt.

Zur Pflege: Nur besprühen mit einem Heißwasserzerstäuber, versetzt mit einem Tropfen Meister Proper, aber in regelmäßigen Abständen, sonst kommt es bei der Fuchsie schnell zum Kräuterkonflikt.

Ein besonderer Hinweis: die *Zentralis hybris* ist extrem allergisch gegen Theologenhände. Würde ein Pastor in der Küche mithelfen, sie würde glatt eingehen.

Hier haben wir ein sehr schönes Exemplar, die *Draghena spiritualis*, die Gemeindebüroschlüsselpflanze aus der Familie der Drachenbäume. Im Aufbau einer Yuccapalme sehr ähnlich, nur erheblich zierlicher.

Ihre Blütezeit ist Montag bis Freitag, 9-12 Uhr und Donnerstag zusätzlich noch 14-16 Uhr. Sie gedeiht sehr gut, auch auf harten Böden, braucht dann aber einen speziellen, sich quasi ständig selbsterneuernden Dünger, den sogenannten Düngetratsch. Aus einem winzigen Samenkörnchen entsteht oft eine riesige elefantöse Pflanze.

Sie sollten die *Draghena spiritualis* nur von unten gießen, die Wurzeln können ein Wasserbad durchaus vertragen. Nähere Pflegehinweise entnehmen Sie bitte dem Kirchlichen Amtsblatt.

In der letzten Zeit kommt es übrigens bei dieser Pflanze zu besonders intensivem Wachstum durch elektronische Verkabelung der 3. kirchlichen Verwaltungsart. Möglich, daß wir bald einen neuen Namen finden müssen, vielleicht *Draghena data spiritualis*.

So, das nächste Exemplar - oh, das ist mir wohl untergeschoben worden. Naja, wenn ich mal dabei bin, das, meine lieben Naturfreunde, ist der *Rancus infantilis*, die Jugendkellerschlüsselranke, ursprünglich ein Efeugewächs, neuerdings zeigt sie allerdings Stacheln.

Die Blütezeit dieser im Grunde nicht totzukriegenden Pflanze ist extrem saisonal und völlig unvorhersehbar. Selbst Liebhaber lassen sie daher nur selten aus dem Auge. Von richtiger Blüte kann hier ohnehin kaum die Rede sein, es handelt sich vielmehr um eine Art sich ausbreitenden Wuchertums. Daher ist sie auch ganz gut geeignet als Bodendekker für unschöne Stellen hinterm Gemeindehaus.

Bevorzugt werden dem *Rancus infantilis* sonst meist dunkle Kellerräume zugewiesen, da die Pflanze im Grunde genommen eher so eine Art Anti-Pilz-Mittel ist. Völlig anspruchslos, wenig Erde, so gut wie kein Dünger ist vonnöten, übrigens ist sie auch BAT-mäßig sehr pflegeleicht.

Ein Tip: Bei der Pflege sollten Sie auf jeden Fall Handschuhe benutzen, der Dreck ist extrem, ansteckende Krankheiten sind nicht auszuschließen.- Wertvoll, liebe Naturfreunde, sind bei dieser Pflanze eigentlich nur die ehrenamtlichen Wildwüchse, der Rest ist nicht einmal kompostierbar.

Und, ehrlich gesagt, ob der *Rancus infantilis* in der Gemeinde gedeiht, ist uns sowieso egal.

Ja, jetzt kommen wir wieder zu etwas Lohnendem, mein kleiner Liebling, die *Bonus stubus*, die Gute-Stube-Schlüsselblume aus der Familie der Azaleen. Ein wunderschönes Exemplar, das aber bei weitem nicht in jedem Gemeindehaus zu finden ist. Zu ihr finden nur wenige Vertrauenswürdige den Zugang, im Prinzip nur das Presbyterium, die kirchlichen Amtsträger, der Küster und seine Frau und einige wenige Erwählte nach vorheriger kirchenverfassungsrechtlicher Überprüfung. Wie heißt es doch in unserm Schlüsselbuch: »Viele sind berufen, aber nur wenige sind erwählt.«

Der Zugang zur *Bonus stubus* ist ein Zugang zu echter deutscher Kirchengemütlichkeit, es ist meist der einzige

Raum mit Teppichboden, ein sehr guter Nährboden für gemeindliche Intrigenspiele.

Die Blütezeit dieser wunderbaren Blume findet meist während der Abendstunden statt. Ein kleiner Wermutstropfen: Die Blüte selbst hält ästhetischen Gesichtspunkten in der Regel nicht stand. Wichtig für die Pflege: Nicht zuviel Licht, aber regelmäßig gießen und gründliches Säubern der kleinen Blätter ist zu empfehlen, sonst bilden sich Spinnmilben, und es kommt zu extremen Verfilzungen. Ebenso ist vor zu häufigem Öffnen und Schließen der Fenster und Türen zu warnen. Durchzug ist Gift für sie.

So, jetzt komme ich schon zu unserem letzten Exemplar, wichtig und unverzichtbar, kulturell hochkarätig: der *Ficcus dei*, der sogenannte Kirchraumschlüsselknöterich. Er entstammt der Familie der Gummibäume.

Der *Ficcus dei* gedeiht besonders gut in schattigen Räumen mit viel Raumvolumen, was allerdings zu einem extrem langsamen Wachstum führt. Er hat lange, aalglatte Blätter, die leider sehr schnell einstauben. Aber mit ein wenig Chemie, natürlich FCKW-frei, ist diesem Problem schnell beizukommen, und schon erscheint er wieder in neuem Glanz, obwohl sich im Grunde gar nichts geändert hat.

Die Blütezeit des *Ficcus dei* ist eindeutig der Heilige Abend. Früchte sind allerdings kaum zu erwarten.

Die Pflege dieser Pflanze ist recht anspruchslos. Sie braucht wenig Wasser und bezieht einen großen Teil ihrer Nährstoffe aus sich selbst.- Aber sprechen sollten Sie mit ihr. Ansprache und Zuspruch - botanisch ausgedrückt: Erbauung - ist ganz wichtig. Hier eignen sich Bibelzitate und auch schon mal ein Gregorianischer Gesang.

Zum Schluß noch eine äußerst angenehme Besonderheit des *Ficcus dei*: ein Umtopfen ist nur alle 3-5 Jahrhunderte notwendig.

Ja, meine Damen und Herren, ich kann Sie nur ermuntern, wenn Sie sich auch einmal botanisch betätigen wollen: Unsere Kirche bietet reichhaltige Möglichkeiten, hobbymäßig oder auch professionell gärtnerisch aktiv zu werden.

Verabschieden möchte ich mich von Ihnen mit einem alten Botanikergruß: Gut Kohl.

FürchteNichts – der Krisenreaktionspfarrer

(Vorne sitzt der Ausbilder (H), die einsatzwilligen Pfarrer sitzen vor ihm, werden befragt, geben Antwort.)

H: All Morgen *(alle, im Chor aufstampfend)* ist ganz frisch und neu. Sitzen Sie bequem! Die heutige Losung lautet:
Alle: Was den Militärpfarrer nicht anficht, macht ihn nur härter!
H: Das ist falsch. Was?
E: Es heißt heute nicht mehr Militärpfarrer, sondern »Krisenreaktionspfarrer mit Selbstschutzkomponente«.
H: Sehr gut. Und warum?
S: Weil sich auch die Evangelischen auf friedenserzwingende UNO-Maßnahmen gegen Krisen vorzubereiten haben.
M: Und da die UNO grundsätzlich nur auf Krisen reagiert, kann ein Pfarrer auch nur im Krisenfall eingesetzt werden.
H: Prima. Und wie unterstützt die evangelische Kirche das UNO-Krisenmanagement?
E: Indem die Kirche (*langsam*) Krisenreaktionspfarrer für den internationalen Einsatz ausbildet.
H: Sehr gut. Und wie bereitet sich der evangelische Krisenreaktionspfarrer auf seinen militärischen Einsatz vor?
M: Indem er zunächst seine Selbstschutzkomponente aktiviert.
S: Die Selbstschutzkomponente des Krisenreaktionspfarrers besteht aus Helm, Pistole, Karte und Kompaß, Bibel und Gesangbuch.

E: Helm gegen die Sonne, Karte und Kompaß gegen das Verlaufen in Somalia und anderen fremden Ländern, in denen der deutsche Soldat sein Vaterland verteidigt und Pistole gegen die einheimischen Schlangen. Bibel und Gesangbuch dann, wenn gar nichts mehr hilft.

H: Von wem wird der Krisenreaktionspfarrer bezahlt?

E: Natürlich vom Staat.

H: Und warum?

S: Damit der Krisenreaktionspfarrer Monat für Monat weiß, wem er zur Loyalität verpflichtet ist.

H: Wie vertreten wir unsere Lehre von der Krisenreaktion vor den Linken, die die Lehre vom gerechten Krieg mit der Leere nach dem gerechten Krieg verwechseln?

S: Wie wäre es mit folgendem: »Ein Christ kann seine Bereitschaft, sich mit militärischer Macht an der Abwendung von Gewalt zu beteiligen, als unabdingbaren Teil einer politischen Konfliktlösung begreifen, die zum Frieden führt.«

H: Sehr gut, das hat der verstorbene rheinische Präses Beier auch erkannt: Er fährt fort: »Wer Dienst in der Bundeswehr tut, hat die Verpflichtung, daß dieser Dienst effektiv und auftragsgemäß erfüllt wird.« Wenn also die UNO ruft, tut der deutsche Soldat *(betonend)* unter allen Umständen effektiv und auftragsgemäß seine Pflicht. Und weil ein Hirte zu diesen Schafen gehört, gehört ein evangelischer Krisenreaktionspfarrer dazu.

M: Und die Umstände, das wissen wir nicht erst seit dem Golfkrieg, werden bei uns immer noch in der Wirtschaft bestimmt.

S: Müßten dann nicht besser Kneipenpfarrer ausgebildet werden? *(Alle lachen.)*

H: Meine Herren, ich fasse unsere Instruktion zusammen: Erstens: Wenn ein deutscher Politiker welcher Partei auch immer deutsche Uno-Soldaten zur Waffe greifen läßt, dann ist das ...

Alle: ... eine Friedensbewegung.

H: Zweitens: Wer von einem Blauhelm getroffen wird, stirbt letztlich ...

Alle: ... für eine gute Sache.

(Alle stehen auf, stellen sich in eine Reihe. Lied.): Jesus hilft siegen, mit Blauhelm und UNO / gib du uns Stärke, der Feinde sind viel. / Jesus, die Spinner, die Softies, die Linken, / meinen tatsächlich, gewaltfrei geht's zum Ziel. / Wir sind gerüstet, zum Frieden zu führen. / Wer das nicht einsieht, dem muß man's diktieren!

(Abmarsch)

Günther Schwarzbauer (LUTHERRATTEN)

Die EDV-Beichte

Pfarrer (P) im Talar sitzt vor PC, Gemeindeglied (G) betritt den Raum.

G: Grüß Gott. *(bekommt keine Antwort.)* Grüß Gott!

P *(ohne aufzublicken)*: Macht eine Mark Grußporto!

G: Entschuldigen Sie, ich möchte gerne beichten!

P: Das heißt jetzt nicht mehr beichten, sondern Ansuchen um Löschung der EDV-mäßig erfaßten Unzulänglichkeiten. Füllen Sie das Formular da aus. Nein: Vorher geben Sie mir Ihre Kreditkarte!

G: Beim alten Herrn Pfarrer hat das Beichten aber nichts gekostet.

P: Wir müssen ja unsere teure EDV-Anlage auch irgendwie finanzieren. Was glauben Sie denn, was wir in dieser sündigen Stadt allein an Speicherplatz für das Sündenregister brauchen?

G: Entschuldigen Sie, könnten Sie mir beim Ausfüllen da ein bißchen behilflich sein? Was soll ich da ankreuzen, wenn ich das Finanzamt ein bißchen angeschwindelt habe?

P: Das ist eine läßliche Sünde, ganz unten, kleines Kreuz.

G: Und wenn ich die Kirche über mein Einkommen wegen der Kirchensteuer angeschwindelt habe?

P: Todsünde! Ganz oben. Dickes Kreuz!

G: Und wenn ich an unkeusche Sachen gedacht habe?

P *(gibt ihm einen Kopfhörer)*: Setzen Sie den Apparat da auf! Ihre Gedanken werden jetzt per Gedanken-Scanner hier auf diesen Bildschirm übertragen.

(G setzt Kopfhörer auf. P beobachtet den Monitor.)

P: Au! Ohhh! Aufhören! Denken Sie sofort an etwas anderes, Sie Pornograph, Sie! Das ist ja Wahnsinn!

G: Ja, dann schalten Sie doch den Apparat ab!

P: Ist schon abgespeichert.

G: Entschuldigen Sie! Könnten Sie auch mal den Kopfhörer aufsetzen? Das würde mich doch mal interessieren, was dann auf dem Bildschirm erscheint.

P: Kommt überhaupt nicht in Frage. Das fällt unter das Amtskirchengeheimnis. *(mit würdevoller Stimme)* Ein sogenanntes Mysterium! *(leicht gereizt)* Sind Sie jetzt endlich fertig mit Ihrer Verfehlungsbilanz?

G: Ja.

P: Beim Heiligen Error! Die Vergebungstaste klemmt. Das war ja noch nie der Fall. Wo ist denn mein Handbuch? *(schlägt auf und liest)* »Die drei Hauptfunktionen des Sakralcomputers sind: Input - output - kaputt.« Schlagen wir einmal nach unter »kaputt«.

G *(unterbricht ihn)*: Ja, was machen wir denn jetzt? Das ist ja furchtbar! Wie kriege ich denn jetzt meine Vergebung?

P *(unbeirrt)*: Da steht's schon: »Beim Versagen der Vergebungstaste ist der Verfehlungsmelder, also Sie, dazu angehalten, 10 Vaterunser zu beten und ein Abbuchungsopfer von 100 Mark zu entrichten.«

G: Also wie beim alten Herrn Pfarrer, nur teurer, viel teurer. Sagen Sie, gibt es diese lieben Heiligenbildchen noch mit den schönen Sprüchen drauf?

P: Sie meinen wie: »Ich bin rein, mein Herz ist klein, soll niemand drin wohnen als Jesus allein«?

G *(nickt eifrig)*: Ja, genau!

P: Nein, das gibt's heute nicht mehr. Das macht alles der Computer. Schauen Sie, da erscheint gerade Ihr Gedicht

am Bildschirm. *(zitiert laut)*:
O göttlicher Virus, komm herbei,
und mache mich von Sünden frei.
Tilg die Schuld, o Guter
vom Sakramentscomputer.
Diskette lösch,
mach Bildschirm rein,
o du mein liebes Jesulein.
Escape. Quit!

(Klavierspiel)

Hartmut Handt / Eckhard Schäfer (DIE KIRCHENLÄUSE)

Erstgespräch

B: Straße?
C: Adler-Freud-Passage 10.
B: Kinder?
C: Sechs Mädchen und ein Junge, *(entschuldigend)* ein Nachkömmling!
B: Beruf?
C: Hausfrau.
B: Des Mannes?
C: Analytiker. Psychoanalytiker mit eigener Praxis. *(Ihr Ton ist hier stolz.)*
B *(hält verblüfft inne)*: Ach, den Rest kann nachher die Sekretärin aufnehmen. »Ein tüchtiges Weib arbeitet gerne mit ihren Händen«, sagen schon die Sprüche Salomonis.
C: Ach, Herr Pfarrer, ich muß dringend mit einem Menschen sprechen. Sehen Sie mich an: *(Er tut es.)* Ich bin total burnt out. Ich brauche eine neutrale Person in Sachen Erziehung.
B *(fröhlich)*: Und da kommen Sie zu mir!
C: »Das Metzgerskind ist dick und rund, des Psychologenkindes Seele kerngesund«, sagt der Volksmund. Wenn Sie wüßten!
B *(triumphierend lächelnd)*: Wie schön, Frau Abromeit, wenn auch die Konkurrenz einmal ein Stück weit helfen kann. »Gott widersteht dem Hoffärtigen, aber dem Demütigen gibt er Gnade.«
C: Im Vertrauen gesagt, Herr Pfarrer, die Seelenklempner haben alle einen Hau. Meiner hat den allergrößten.

B: Sie wollen sagen, Ihrer habe den größten ... *(verbessert sich)* ... habe die größten Probleme, und Sie machen das an seiner Art der Kindererziehung fest?

C: Wissen Sie, Herr Pfarrer, ich habe ja alles versucht, mich seiner Einstellung anzunähern - Einzeltherapie, Gruppentherapie, Spieltherapie, Urschreitherapie, Ichtherapie, Kosmotherapie und was sonst noch alles. Ich bin darüber alt geworden, und nun weiß ich mir keinen Rat mehr.

B: »Schau ich mich um, da ist niemand, und seh ich sie an, da ist kein Ratgeber, daß ich sie fragen könnte und sie mir antworteten«, heißt es beim Propheten Jesaja. Das haben Sie ein Stück weit erfahren *(sehr seelsorgerisch)*, liebe Frau Abromeit.

C: Dieser Waschlappen kann doch nirgendwo richtig hinstehen. Die Kinder machen mit ihrem Daddy, was sie wollen. Die ganze Psychohygiene in unserer Familie ist hin. Macht doch unser Jüngster neulich ein Loch in die Couch. Wissen Sie, wie er reagiert? »Ist nicht schlimm ... wenigstens keine Todeswünsche ...«

B *(setzt an, kommt aber nicht zu Wort)*

C: Und dann hat er immer seinen Spruch drauf: »Gelassenheit, Ruhe und Beherrschung sind Wesenszüge einer starken Persönlichkeit.« Pah!

B *(unbeirrt)*: Ihr Gatte befürchtet Todeswünsche und hält von daher jede Erziehungsmaßnahme ein Stück weit für repressiv?

C: Ja, stellen Sie sich vor: Da kommt unsere Achtzehnjährige von einem Selbsterfahrungstrip auf Stromboli zurück und sagt gleich zur Begrüßung: »Wie schön, Daddy, bald wirst du Großvater.« Mich hat das ungeheuer betroffen gemacht, aber er? Er sagt lächelnd: »Das hast du doch nur getan, um auf dich aufmerksam zu machen.« Und als ich frage, ob er denn nicht weiß ..., da fällt er mir ins

Wort: »Laß mich mal machen, Intuition ist wichtiger als Wissen.«

B: Schon Salomon hat gesagt: »Laß nicht ab, deinen Sohn zu züchtigen.«

C *(zu B gewandt)*: Und dies wird man gerade im Zeitalter der Emanzipation, der gegenüber ich ansonsten meine begründeten theologischen Vorurteile habe, ja wohl auch auf die weiblichen Familienmitglieder beziehen dürfen.

B *(entschlossen)*: Sie meinen, Ihr Gatte hätte die Tochter ein Stück weit bestrafen sollen?

C: Natürlich! Er weiß doch, wie sorgsam ich sie vor allen Mannsbildern bewahrt habe. Überhaupt: Kein bißchen was von einer fordernden Vaterfigur! Gibt's bei den Mädchen auch nur die geringsten Probleme, dann sagt er: »Sucht euch, bitte, einen anderen Therapeuten.«

B: Ihr Mann verweigert also einen Erziehungsauftrag?

C: Total! Im Grunde meint er, die Kinder müßten ihre Probleme im Selbstmanagement bewältigen und außerdem müßten sie sich schon selbst um ihre Imagegestaltung kümmern.

B: Sie sind überzeugt, daß dies Ihre Kinder ein Stück weit überfordert.

C: Das Schlimmste ist: Die Kinder haben schon seine Denkweise übernommen. Besiegt er den Kleinen im Mühlespiel, sagt doch Albertchen zu ihm: »Bloß weil du meinen Ödipuskonflikt nicht einsiehst, muß ich immer wieder verlieren.«

B: Ich kann mir vorstellen, daß es Sie sehr belastet, wenn Ihr Sohn so spricht und Ihr Gatte Sie auch gar nicht mit einbezieht. Auch Ödipus hatte doch eine Mutter, wenn ich mich recht erinnere.

C: Wenn das so weitergeht, kommunizieren wir bald nur noch nonverbal miteinander. Ich kann nicht mehr.

B: Sie meinen ein Stück weit, Sie haben sich nichts mehr zu sagen?

C: Auch alle Anti-Ärger-Maßnahmen haben bisher nicht geholfen. Von einer Denkfalle tappen wir in die nächste.

B: Es ist schön, Frau Abromeit, daß Sie mit Ihrer Privatbilanz zu mir kommen. Ich denke allerdings: Nach diesem Erstgespräch werden viele weitere Stunden folgen müssen ...

C: Ach, da freue ich mich aber drauf, Herr Pfarrer. Kann ich denn wohl morgen wiederkommen?

B: Ja, sicher - ich freue mich auch sehr! Es ist gut, daß ein jeder Tag seine eigene Plage habe.

Wolfram Behmenburg (KLÜNGELBEUTEL)

Tractatus de miseria christiana
(Vom Elend eines Christenmenschen)

Mit innigem Dank an Martin Luther,
den ebenfalls schwergeplagten,
von einem Studenten seiner Werke

Das Elend übermannet mich,
ich bin nicht mehr mein eigen Ich,
kenn Lust nicht mehr von bitt'rer Qual.-
Hienieden ist ein Jammertal.

Ach, bin ich doch gedrückt so sehr,
daß ich mein eigen Weib nicht mehr
erkennen konnt' die vor'ge Nacht.-
Wie niedrig bin ich nun gemacht!

Das Leben ist ein eitel Spiel,
nur Arglist, Trug und Händel viel.
Ist ein groß' Mördergrub' allhier.-
Herr Ober, bringsemernochnbier?

5. Kunststück: Predigt

Reiner Rautenberg (Schwester & Bruder GmbH)

Wochenend und Heilgenschein

nach »Wochenend und Sonnenschein«
der Comedian Harmonists

Wochenend und Heilgenschein
und dann im Gottesdienst allein
weiter brauch ich nichts zum Glücklichsein
Wochenend und Heilgenschein

Über mir der Organist
der grade eingeschlafen ist
ich klatsch ihm in seinen Traum hinein
Wochenend und Heilgenschein

Niemand, der mir hier zuhört
keiner, der sich bei mir bekehrt

Wochenend und Heilgenschein
und dann im Gottesdienst allein
weiter brauch ich nichts zum Glücklichsein
Wochenend und Heilgenschein

Hinten da die Küsterin
die fragt schon lang nicht mehr nach Sinn
sie massiert ihr eingeschlafnes Bein
Wochenend und Heilgenschein

Doch dann find ich wichtge Worte
pastoral und pianoforte

Wochenend und Heilgenschein
und dann im Gottesdienst allein
weiter brauch ich nichts zum Glücklichsein
Wochenend und Heilgenschein

Wochenend und Heilgenschein
und dann mit mir so ganz allein
ja, der Herrgott drückt ein Auge zu
und ich hab dann meine Ruh

Okko Herlyn

Das Schweigen zum Sonntag

Meine sehr verehrten Damen und Herren liebe Zuschauerinnen und Zuschauer kennen Sie das auch ich meine die Frage nach dem Sinn des Lebens nicht wahr das ist nun wohl eine ganz besondere Frage nicht eine Frage von der Sorte wieviel Uhr haben wir eigentlich oder was gibt es denn morgen zum Essen genaugenommen stellen wir nämlich die Frage nach dem Sinn des Lebens gar nicht sie stellt sich uns vielmehr in den Weg überfällt uns geradezu da ist jemand in eine persönliche Krise geraten in seiner Partnerschaft läuft es nicht mehr so oder der Beruf da bangt jemand um seinen Arbeitsplatz oder die Krisenherde dieser Welt Bosnien Somalia Nahost und dann geschieht genau das daß sich uns jene Frage die Frage nach dem Sinn des Lebens in den Weg stellt heimsucht überfällt es ist die Frage nach dem Warum nach dem Wozu vielleicht auch die Frage nach Gott ob es eine Antwort gibt gewiß es gab und gibt religiöse Dogmen es gab und gibt philosophische Systeme ich denke allerdings daß die Antwort auf die Frage nach dem Sinn des Lebens woanders zu finden ist ich möchte Ihnen das an einem kleinen Beispiel verdeutlichen über das Sie vielleicht ein wenig lächeln mögen es war im letzten Sommer auf der schönen Nordseeinsel Norderney überall Menschen Sand Strandkörbe ein kleiner Junge hatte sich eine wunderschöne prächtige Burg gebaut nun geschah es daß ein etwas älteres Mädchen auf ihn zukam und so wie Kinder manchmal so sein können mutwillig sein kleines Kunstwerk zertrampelte Sie können sich vorstellen wie untröstlich unser kleiner Bursche war sogleich rannte er zu seiner Mutter und ließ sich von ihr in die Arme schließen sehen Sie das ist mehr als alle Philosophie und alle Dogmen eine Hand die sich uns entgegenstreckt ein Arm der sich um unsere Schulter legt ein Ohr das zuhört wo wir in Not sind ein Wort das tröstet und die Angst und die Verzweiflung vertreibt ich denke alles kommt darauf an ob wir offen sind ob wir ehrlich sind ob wir Vertrauen haben eben wie ein Kind und wenn Sie demnächst wieder die Frage nach dem Sinn überfällt wenn Sie wieder die schrecklichen Bilder der ausgemergelten Körper in Somalia sehen und nach dem Warum und Wozu vielleicht sogar auch nach Gott fragen dann denken Sie doch einfach an jenen kleinen Burschen auf Norderney ich bin sicher es wird Ihnen gut tun ich wünsche Ihnen einen gesegneten Sonntag und eine sinnvolle Woche.

Martin Buchholz

Unständvermißlich vom Glauben reden
Eine Morgenandacht im Hörfunk als Beitrag zur rundfunkhomiletischen Diskussion um die Frage: "Wie verspricht man die Verheißung?"

Verehrte Zuhörer, es gibt Leute, die werfen der Kirche nach, sie spräche nicht mehr die Spreche der Menschen. Man sagt uns vor, die Regilion habe das Mißtrauen ihrer Gläubiger verbraucht.

Wir Theologen beispielsmal gebärdeten uns in Lehrung und Forsche als ewige Wesserbisser, die sich unverständliches Zeug aus den Haaren saugen und immer noch glauben, sie müßten von den sieben Todsünden reden, damit die Menschen Gewissensgebisse bekommen und bei der Schlange bleiben.

Als mein Freund, ein Dominikaterpater, mir neulich zum ersten Mal von diesen Vorwürfen erzählte, da haben mir vor heiligem Zorn die Zie geknittert. Da standen mir die Berge zu Haare. Da hab ich mir die Hände gerauft.

Die Spreche der Kirche sei unverständlich, phrasenhaft und verwidere sich in Wickelsprüche? Das muß man sich mal auf dem Mund zergehen lassen. Das treibt einem doch die Schamröte in die Augen!

Versehrte Zuhörer! Ich will hier kein Brett vor den Mund nehmen: Bedenken Sie bitte, wer hier Morder und Zetio schreit, dann verlieren die Anwürfe schon etwas weniger an Gewicht.

Im Grunde sind es doch bedauernswerte Menschen, die von Taten und Blusen keine Ahnung haben und in einem

Abfall geistiger Anwesenheit einfach den springenden Grund übersehen.

Aber ich will hier auch nicht den Teufel mit dem Brezelbub austreiben. Lassen Sie mich selbstkritisch fragen: Haben wir uns als Kirche immer genügend bemüht, das gemeinste Kleinsame zu finden?

Ist es nicht auch ein Wink mit dem Faulzahn, wenn ein Mensch, dem vielleicht durch die Begegnung mit einem unfreundlichen Pfarrer eine Wurst über die Leber gelaufen ist, nun seinerseits meint, der Kirche ein Schnippchen spielen zu müssen? Müssen wir uns da nicht fragen lassen, wie wir in der Kirche miteinander untergehen? Wie hormonisch ist unser Miteinander wirklich? Läßt sich da nicht auch manch Negateiliges anführen? Haben wir alles gehalten, was wir verbrochen haben?

Wir wollen dem Enttäuschten keinen Honig in die Augen schmieren, aber er soll wissen: Uns hängt viel an ihm, und er kann jederzeit wieder bei der Kirche umkommen, wenn er nur will. Den anderen längst weggetretenen Kritikern aber rufen wir zu: Bevor ihr redet, vergeßt nicht: Reden ist Schweigen, und Silber ist Gold!

Und wenn ihr das nicht beherzigen wollt oder könnt, so laßt doch bitte die Tatsachen im Dorf!

Tatsache ist, daß der Mönsch zum Bösen neigt. Und es ist lebensnotwichtig, daß die Kirche klar und unständvermißlich davon redet. Ohne schames Falschgefühl!

Munitiös vorbereitet werden wir weiter an die Zecken und Zäune, von Pontius zu Pilatus gehen und es verkündigen: Regilion ist mehr als ein Konzertbesuch der H-Meß-Molle von Johann Sebaldrian Bach. Gottes Wege sind geschlungen. Und man kann nicht zwei Fliegen auf einmal dienen. Das ist unsere Botschaft. Und sie leuchtet auch heute noch jedermann heim.

Erwin Grosche

Professor Sermons Lieblingspatientin

Essen oder Trinken, ein Kopf erzählt *(Ein Kopf liegt auf einem Teller eines festlich geschmückten Tisches.)*

Macht euch keine Sorgen um Essen oder Trinken
und um eure Kleidung,
Das Leben ist mehr als Essen und Trinken
und der Körper ist mehr als die Kleidung.

Seht euch die Vögel an!
Sie säen nicht, sie ernten nicht, sie sammeln keine Vorräte,
denn Professor Sermon sorgt für sie.
Und ihr seid ihm doch viel mehr wert als all die Vögel.
ALL die Vögel? ALDI Vögel!
Haben sie etwas gesagt?
Seien Sie doch still, können Sie überhaupt den Schneewalzer
spielen?
Ohne Schneewalzer läuft hier gar nichts mehr.
Gar nichts mehr, gar nichts mehr, gar nichts mehr.

Wer von euch kann durch Sorgen sein Leben
nur um einen einzigen Tag verlängern?

Und warum macht ihr euch Sorgen um das,
was ihr anziehen sollt? Das Angebot ist fantastisch.
Fanta tisch. Wir brauchen noch Getränke auf den Tischen.
Seht, wie die Blumen auf den Feldern wachsen!
Sie arbeiten nicht und machen sich keine Kleider;
sie träumen nur und schenken dem Wind ihr Gehör ...

Und doch sage ich euch: nicht einmal Professor Sermon
bei all seinem Reichtum
ist so prächtig gekleidet wie irgendeine von ihnen.

Wenn er sogar die Feldblumen so ausstattet,
die heute blühen und morgen verbrannt werden,
dann wird er sich doch erst recht um euch kümmern.
Habt doch mehr Vertrauen!

Macht euch also keine Sorgen, macht euch einen guten Tag.
Fragt nicht: »Was sollen wir essen?« »Was sollen wir trinken?«
»Was sollen wir anziehen?«

Damit plagen sich Menschen, die ihn nicht kennen.
Er weiß doch, daß ihr all dies braucht.
Lernt erst zu gehorchen. Unterstellt euch seiner Leitung.
Tut, was er verlangt. Befolgt die Hausordnung,
dann wird alles so geschehen, wie ihr es euch erträumt habt.
Leben auf dem goldenen Teller,
und wenn wir den Löffel abgeben,
der uns die Suppe zum Munde führte,
dann wird dieser Löffel silbern sein
und stumpf von unserem letzten Lebenshauch.

Quält euch nicht mit Gedanken an morgen;
der morgige Tag wird für sich selber sorgen.
Wir haben genug zu tragen an der Last von heute.

»Achtung, Achtung, hier spricht Professor Sermon
Wir treffen uns alle in einer Viertelstunde
im großen Speisesaal zum Speiseaal!«

(nach: *Matthäus 6,25-6,34)*

Werner Koczwara

Wenn die Keuschheit im Bordell verpufft

1. Kurzer protestantischer Vernichtungsfeldzug

Laßt mich, Brüder und Schwestern, ein wenig aus dem Alltag des Priesters plaudern: Jüngst saß ich gerade beim Abendbrot, als es an der Tür klingelte. Ich öffnete, und vor mir stand ein Mann mit einer blutigen Kettensäge in der Hand und sprach: »Herr Pfarrer, ich habe gerade meine Alte geschlachtet.« - Das sind die eher unschönen Momente in einem Priesterdasein. Jeder andere kann sofort zur Polizei rennen, nur mich zwingt mein Beruf zu sagen: »Mein Sohn, bei mir bist du richtig. Tritt näher und berichte mir mehr davon.«

Ich sage euch mal was - unter uns. Sündenvergeben ist so ziemlich die sicherste Methode, Lumpenpack anzulocken. Bei allen Heiligen im Himmel - ich hab doch nicht zwölf Semester Theologie studiert, um mir anzuhören, wie einer seine Frau zersägt! So ein Blödsinn - da baut man für teures Geld wunderhübsche Kirchen - alles piccobello - und dann vergibt man dort Sünden! Oh, ich hab diesen Kleinkram so satt. Ich will - Bischof werden: Raus aus dem Dreck, weg vom Pöbel - Ministern und Feldherren große Sünden vergeben: Angriffskriege, Völkermord, sozialer Wohnungsbau. Schöne Träume - wie desillusionierend dagegen die gnadenlose Realität. Da ist kein Platz für das liebliche Spiel süßer Lösungsmystik, da ist nur die Jagd nach des irdischen Gutes vergänglichem Wert.

Laßt euch, Brüder und Schwestern, zur Abschreckung von dem alten Herrn berichten, zu dem ich vergangene Woche ans Sterbebett gerufen wurde. Der sieche Greis - ein

Schwabe - hatte während seines langen Lebens schwere und nicht wenige Sünden begangen. Und als ich deswegen zögerte, ihm die Absolution zu erteilen, da bot er mir auf dem Sterbebett seinen Opel Kadett - Baujahr 89, werkstattgepflegt, 2 Jahre TÜV für - zugegebenermaßen - sensationell günstige 1.500 DM zum Kaufe an. Nun ist mein Priestergehalt recht bescheiden - und so mußte ich ihn während der letzten Ölung auf 800 runterhandeln.

Ein unwürdiges Schauspiel - aber schuld daran ist die miserable kirchliche Finanzlage: Gerade mal 8 Milliarden Mark Kirchensteueraufkommen. Brüder und Schwestern, geht in euch und prüft selbst: Wie soll man davon leben? Auch bei den Subventionen hält uns der Staat an der kurzen Leine. Die Versorgung unserer 5 katholischen Bischöfe und Domherren in Nordrhein-Westfalen verschlingt jährlich 9 Millionen Mark, doch die Düsseldorfer Staatskanzlei weigert sich hartnäckig, davon mehr als 8 Millionen zu übernehmen. In Bayern verschlingen die Gehälter und Pensionen von Priestern und Bischöfen jährlich 70 Millionen Mark, doch der bayrische Staat lehnt es kategorisch ab, mehr als 69.998.000 Mark zuzuschießen. Der Rest - der Rest bleibt knallhart bei uns hängen. Und dann - dann kommen auch noch die Leute, die aus der Kirche ausgetreten sind, und sagen: Das sei ja ein Skandal, daß sie jetzt über ihre Einkommensteuer auf dem Subventionswege hintenrum eine Kirche mitfinanzieren müssen, die ihnen nichts mehr gibt.

Aber, Brüder und Schwestern, das stimmt doch nicht! Von uns kriegt jeder was: Weihnachten - 2 Feiertage - noch. Ja, vielleicht sollte man sich in der Tat über kleine Änderungen unterhalten: Weihnachten nur noch für Kirchensteuerzahler. Ja! Ja, wenn einer nicht an Jesus glaubt, aber Weihnachten dennoch nicht zur Arbeit muß - ist das nicht Christentumsschnorrerei?! Ist das nicht religiöses Trittbrettfahren?! Und das richtet sich nicht nur an die Adresse des atheistischen Lehrers, das geht genauso an den buddhistischen Fließbandarbeiter, die islamische Klofrau und den muslimischen Müllmann. Was glaubt ihr, wie die sich Weihnachten ins unchristliche Fäustchen lachen! Keine müde Mark Kirchensteuer zahlen, aber das komplette Erholungsprogramm abzocken!

Der Katholik hingegen muß zur Arbeit schreiten: an Weihnachten im islamischen Irak, an Ostern im hinduistischen Indien, am Karfreitag im jüdischen Tel Aviv und an Fronleichnam im evangelischen Brunsbüttel! Ja, Millionen tiefgläubiger Katholiken werden an Fronleichnam zur Arbeit gezwungen, nur weil sie in protestantisch besetzten Zonen leben! Wer zählt sie alle auf: die Fronleichnamsverbrechen an den Kindern Roms in der niedersächsischen Knechtschaft, an den Witwen und Waisen unter dem schleswig-protestantischen Unrechtsregime.

Aber, Brüder und Schwestern, zügelt euren Zorn. Denn der Herr straft den Protestanten auf seine Weise. Wahrlich, wahrlich, ich führe ein Dokument bei mir, das vergleichbar einzig der Bibel von einer wundervollen Wahrheit kündet. Oh, dies ist ein Werk voll der süßesten Lieblichkeit. Es trägt den Titel: *Statistisches Jahrbuch für die Bundesrepublik Deutschland*. Und dort steht geschrieben: Protestanten in Prozent. Und weiter sehe ich dort eine 5, gefolgt von einer 7. Wenn aber einer eine 5 gefolgt von einer 7 sieht, so bedeutet dies: siebenundfünfzig. Wo aber hat nun der Protestant diese mysteriösen 57 Prozent erwirtschaftet? Etwa bei den Kircheneintritten? Vielleicht beim gesamtdeutschen Spendenaufkommen? Oder am Ende sogar in der internationalen Handelsbilanz?

Wir wollen sehen! Und ich denke, zur Klärung hilft uns entscheidend die 1. Zeile unseres Dokumentes, denn dort heißt es: Deutsche Selbstmordstatistik - gegliedert nach Konfessionen. Unser Dokument will uns also sagen, daß von 100 Selbstmördern 57 evangelisch sind und daß also der Protestant mit einem satten Vorsprung deutscher Selbstmordmeister ist. Unanfechtbar wie der heilige Simeon auf der Säule, so steht der Protestant auf dem Siegertreppchen.

Denn *(gregorianisch gesungen)*: Wer wartet nicht artig ab, bis er mit dem Sterben an der Reihe ist - der Martin-Luther-Christ. Wer wirft sich vor die U-Bahn und durchschneidet sich die Kehle - der Evangele. Wer dreht den Gashahn auf und steckt sich in Brand - der Protestant. Hahaleheluhuja!

Brüder und Schwestern, ich kann euch sagen, daß Gott an solchen Menschen kein Interesse hat. Gott mag starke Menschen - Menschen, die er in harte Prüfungen schicken kann: Heuschreckenplagen, Krankheiten, Radfahrerhosen. Der Protestant geht wegen jeder Kleinigkeit gleich ins Wasser - schaut euch Uwe Barschel an. Wäre Barschel katholisch gewesen - er hätte seine Genfer Badewanne quietschfidel verlassen und säße heute wieder mindestens in 5 Aufsichtsräten und in der Ethik-Kommission des Deutschen Bundestages. Nein, wegen eines Skandals sich umzubringen, das wäre einem Katholiken nicht passiert. Ich sage nur: Streibl, Kohl, Möllemann - alle katholisch, alle noch am Leben. Das sind ganze Kerle: hart wie Kirchenbänke, zäh wie Sonntagspredigten - Kerle, so recht nach dem Geschmack des Allmächtigen - tolle Burschen! Warum der Protestant da so bös aus der Reihe schlägt, weiß ich nicht. Ich habe meine eigene Theorie, und die besagt, daß der Protestant durch seinen Selbstmord immer noch dagegen protestiert, daß Martin Luther ihm den Papst weggenommen hat. Ich will das jetzt nicht in aller Tiefe ausbreiten, diese ganzen alten Streitereien sind etwas kompliziert. Als Katholik befaße ich mich ohnehin nur äußerst ungern mit Kirchengeschichte, weil ich als Christ prinzipiell gegen jede Form von Gewaltverherrlichung bin. Und überhaupt, all diese ganzen doch eher unerfreulichen Dinge: Heidenverfolgungen, Hexenverbrennungen usw. - das, das sind nunmal die Jugendsünden von mehr oder weniger jeder Religion. Ich meine, unsere Geschichte ist auch nicht schlimmer als zum Beispiel die von ehm..., von ehmmmm..., hm..., von ehm ... Nun gut, ich, ich könnte durchaus Religionen nennen, aber ich habe heute keine Lust dazu. Ich meine, wen interessiert das heutzutage überhaupt noch? Euch, Brüder und Schwestern, doch sicherlich am allerwenigsten. Ich weiß vielmehr, daß ihr begierig seid, mehr über die ewigen katholischen Wahrheiten zu erfahren.

2. Von der Leberzirrhose zum Katholizismus

Darum, Brüder und Schwestern, tretet noch heute in die katholische Kirche ein. Wartet damit nicht, bis ihr auf dem Sterbebett liegt. Auf dem Sterbebett in die Kirche eintreten, das ist - wie als Hundertjähriger das Saufen anfangen. Nein - wie die Leberzirrhose, so muß auch der Katholizismus reifen. Und in beiden Fällen gilt: Nur Ausdauer und Konsequenz führen zum Delirium tremens. Auch dies weiß niemand besser als ich. Und ich weiß noch mehr, Brüder und Schwestern.

Ich weiß: Das Himmelreich ist nahe! Denn zwei Dinge stehen felsenfest: Erstens: Jesus wird wiederkommen - und zweitens: Die Kirche ist das Wartehäuschen. Nun werden aber einige Ungeduldige einwenden: Während wir warten, wäre es da nicht hübsch, wenn uns der Herr ein wenig die Wartezeit verkürzte? Beispielsweise, indem er als eine kleine unterhaltsame Demonstration seiner Allmacht Hunger und Krieg von der Welt vertilgte? Ja, warum tut Gott nichts? Dies ist die große theologische Frage seit fünf Jahrtausenden. Und ich, Brüder und Schwestern, will sie euch heute beantworten.

Denken wir uns also das Ganze einmal kompromißlos zu Ende! Der Mensch will eine Welt ohne Hunger und ohne Krieg. Er selber schafft es nicht, also erfleht er den Beistand des Herrn. Der Herr hat ein Einsehen und gibt dem Menschen eine Welt ohne Hunger und ohne Krieg. Der Mensch ist eine kleine Weile zufrieden. Dann will er eine Welt ohne Armut und ohne Elend. Der Herr hat ein Einsehen und gibt dem Menschen eine Welt ohne Hunger, Krieg, Armut und Elend. Der Mensch ist wieder eine kleine Weile zufrieden. Dann will er eine Welt ohne Kaltwetterfront und ohne schlechte Laune. Der Herr hat ein Einsehen und gibt dem Menschen eine Welt ohne ... also ich kann das jetzt noch lange so weitertreiben bis zum bösen Ende: Zum Schluß sitzt der Mensch auf dem Sofa, und Gott steht in der Küche und spült ab!

Ja, ja, der Herr kennt seine Geschöpfe. Und deswegen weiß er, daß es besser ist, im Verborgenen zu bleiben. Denn sonst will der Mensch von Gott Mitbestimmung, ein Mißtrauensvotum und Neuwahlen binnen drei Monaten - will einen himmlischen Petitionsausschuß, Beschwerdemöglichkeiten und einen Rechnungshof, der göttliche Unregelmäßigkeiten aufdeckt - will Sondervergünstigungen, Schmerzzulage - will das rosarote Himmelfahrtsticket zum Stirb-und-spar-Tarif und im Fegefeuer Urlaub auf Ehrenwort. So ist der Mensch, denn er ist bequem und voll der Sünde.

Darum aber braucht der Mensch eine Religion. Und fürwahr, es gibt davon mehr als 3.000 auf der Welt. Aber, Brüder und Schwestern, wählt nicht irgendeine! Wählt die mit 100% Jesus Christus. Denn wenn du Jesus Christus tankst, dann stirbst du frei und ohne Angst! Und nie waren wir Jesus Christus näher.

Mehr als je zuvor sind wir wie der arme Mann von Nazareth. Einst waren wir reich und mächtig und nannten die wertvollsten Schätze unser eigen. Wir besaßen die Erde als Mittelpunkt des Universums - doch ein Dieb namens Kopernikus stahl sie uns. Wir besaßen den Menschen als Ebenbild Gottes - doch ein Dieb namens Darwin nahm ihn uns fort. Wir besaßen die Seele des Menschen und sprachen: Die Seele muß in den Himmel - doch ein Dieb namens Freud sprach: Die Seele muß nicht in den Himmel, sondern auf die Couch. So wir also bös bestohlen wurden, stehen wir arm, zerlumpt und heruntergekommen vor unserem Heiland. Doch gerade dadurch erfüllt sich an uns, in uns und durch uns das Wort des Erlösers, der da spricht: Die arm sind und alles verloren haben, denen steht das Himmelstor weit offen. Und von dieser gnadenvollen Aufnahme des Katholiken ins Paradies soll nun mein letztes Liedlein künden. Es trägt den Titel: Sei kein Frosch! Und dies ist zugleich auch die frohe Botschaft, die ihr, Brüder und Schwestern, von nun an in die Welt hinaustragen sollt.

3. *Die Ewigkeit ist seelisch, aber niemals evangelisch*[1]

Es gibt vieles auf der Welt,
was uns Tag für Tag mißfällt,
so viele Dinge bringen uns in Wut.
Rund um unsern Erdenball
nichts als Siechtum und Verfall,
dennoch wird am Ende alles - supergut.

Denn:
Hast du ein Problem, dann gibt's einen Trick:
Komm einfach zu uns, werd' Katholik!

1. Nach der Melodie von Eric Idle: *Always look at the bright side of life.*

Die Ewigkeit ist seelisch,
aber niemals evangelisch,
denn es gibt nur eine wahre Religion.
Sonst kommst du auf alle Fälle
in des Teufels Mikrowelle
und empfängst dort den gerechten Gotteslohn.

Komm einfach zu uns, werd' Katholik!
Komm, du, sei kein Frosch, mach einfach mit!
Das Leben ist banal,
und der Tod kommt allemal,
freu dich auf die Ewigkeit im Kirchenschoß.
Laß das närrische Getue,
leg dich hin zur Grabesruhe,
denn bei uns geht's mit dem Tod erst richtig los.

Das Erdendasein ist - öde und trist.
Pfeife einfach drauf als katholischer Christ!
Du bist bestens aufgehoben,
liegst du erst mal unterm Boden,
in der Tiefe liegt nunmal der Lebenssinn.
All das ist nicht so bedrohlich,
bist du durch und durch katholisch,
statt zu klagen nimm das Elend einfach hin.

Komm einfach zu uns, werd' Katholik!
Komm, du, sei kein Frosch, mach einfach mit!
Das Erdendasein ist - öde und trist.
Pfeife einfach drauf als katholischer Christ!

Brüder und Schwestern - und damit endet dieser Abend zur Rettung eurer Seelen. Aber das Ende ist zugleich auch ein Anfang, denn es ist nun an euch, das fromme Werk fortzuführen.

Bildet Bibelkreise! Sprecht in euren Familien über die unbefleckte Empfängnis! Verteilt in den Betrieben Bildpostkärtchen vom Papst! Und hängt in euren Stammkneipen die Kondomautomaten ab! Dann ist euch das Himmelreich gewiß.

Ich selbst will mich nun zur Ruhe zurückziehen. Denn vor mir liegt wieder eine schwere Nacht.

4. Abschließende Bettelei

Brüder und Schwestern, als Priester bin ich es nicht gewohnt, Zugaben zu geben. Es, es kommt in meinen Gottesdiensten nur äußerst selten vor, daß jemand »Zugabe« brüllt. Dennoch stehe ich nun abermals vor euch, denn es gibt noch zwei Dinge, die ich euch mitteilen möchte: Zum einen muß ich euch loben.

Ihr wart eine großartige Herde. Und zum anderen gibt es da, ehm, noch ein persönliches Ding, eine Mitteilung: Ich weiß, ich habe heute bereits genug Gutes für euch geleistet. Ich habe euch den Weg ins Paradies gewiesen und eure Seelen vor der ewigen Verdammnis gerettet.

Aber damit ihr seht, wie weit meine christliche Nächstenliebe geht, will ich euch nun darüber hinaus noch ein zusätzliches attraktives Angebot unterbreiten:

Opel Kadett: Baujahr 89, werkstattgepflegt, 2 Jahre TÜV - für sensationell günstige 4.998 DM - ein echtes Schnäppchen also.

Ihr braucht nicht zu drängeln, Brüder und Schwestern, es reicht für jeden. Im Laufe eines Priesterdaseins kommt ein ganz hübscher Fuhrpark zusammen.

Greift also zu, und dann strömt hinaus und verkündet: Im Bonner Springmaus-Theater gibt es derzeit günstige Gebrauchtwagen, und dies noch bis einschließlich Sonntag. Dies also verkündet.

Und während ihr dies tut, wird der Geist des Herrn über euch schweben. Brüder und Schwestern, damit ist das Missionswerk vollbracht. Nun also zieht von dannen. Und wenn ihr mit dem Fahrzeug hier seid, achtet beim Heimfahren auf euren Nächsten: Bremst auch für Protestanten! Gott schütze euch!

Wolfram Behmenburg (Klüngelbeutel)

Heiden

1. Heiden meiden die Kirche. Heiden schlafen sonntags aus.
Heiden feiern Orgien. Heiden leben in Saus und Braus.
Oh, Heiden hassen Zucht und Maß.
Heiden sind geil und triebhaft
und haben ihren Heidenspaß.

2. Heiden geben nix ab. Heiden haben ein Heidengeld.
Heiden leisten sich Laster. Heiden lieben die Unterwelt.
Oh, Heiden sind gemein und gefährlich.
Doch für die Mission sind Heiden unentbehrlich.

Refrain:
Heiden werden schon heidnisch gebor'n.
Heiden sind ohne Kirche verlor'n.
Heiden bleiben nicht ungeschor'n.
Werden in der Hölle schmor'n.
Werden in der Hölle schmor'n.
Werden in der Hölle schmor'n.

3. Heiden haben Angst.
Hätt' ich auch, wenn ich Heide wär'.
Heiden glauben an Götzen. Heiden lesen Heidegger.
In Indien beten Heiden zum Rindvieh.
Denn Heiden sind nicht gläubig, abergläubisch sind sie.

Refrain:
Heiden werden schon heidnisch gebor'n ...

4. Heiden vermehren sich eilig.
Ständig werden neue Heiden gebor'n.
Verehren Teufel als heilig. Heiden lästern unverfror'n.
Triumphieren einstweilig.
Doch einmal trifft sie Gottes Zorn.
Werden in der Hölle schmor'n.
Werden in der Hölle schmor'n.

Refrain:
Heiden werden schon heidnisch gebor'n ...

5. Heiden machen Lärm.
Heiden machen nie 'ne Sühne durch.
Heiden gibt es zuviele.
Am schlimmsten ist's in Lüneburg.
Oh, Heiden meiden fromme Lieder.
Doch die von Haydn komponierte Hymne
sing'n sie immer wieder.

Refrain:
Heiden werden schon heidnisch gebor'n ...

6. Kunststück: Kasualien

Die Kreuztreter

Konfirmationsmoden

(Moderator am Pult, Model auf der Bühne.)

Herzlich willkommen, liebe Konfirmationsausrichterinnen und Konfirmationsausrichter. Eine angemessene Konfirmation erfordert eine systematische Vorbereitung und Generalstabsplanung, wem sag ich das?

Und da betritt auch schon unser 98er Modell den Laufsteg. An seinen Füßen trägt unser Modell die derzeit heißesten Renner der Saison, die NikeAir für den geräuschlosen Gang zum Abendmahl, der Pfarrer wird gar nicht merken, daß Ihr Sprößling da war. Zweite Wahl, dennoch immer noch gerne genommen: Chaques von der Firma Woolworth zum bescheidenen Preis von 389,90 DM pro Schuh. Docs werden gerne zum Nachtisch getragen.

Die Hosen, die unser 98er Modell trägt (wahlweise von der Firma Diesel, obwohl die Geruchsprobleme nicht völlig gelöst sind, sonst stonewashed Levis) haben die gleichen weiten Spezialtaschen wie unsere letztjährigen Modelle. Ihr Fassungsvermögen beträgt inzwischen 8.000 DM. Der Eingriff in die Hosentaschen ist besonders weit gestaltet, so können die Geldscheine dem Konfirmanden unauffällig zugesteckt werden. Höchste Diskretion hat ihren Preis: 876,54 DM.

Darf ich nun Ihre Aufmerksamkeit auf die elegante Benetton-Tasche lenken, meine sehr verehrten Damen und sehr geehrten Herren. In ihr werden alle Schreiben, die zur Konfirmation in Ihrem Hause eintreffen, gesammelt. Wurden früher Briefe mit Geldscheinen von solchen ohne getrennt, so ist dies heute nicht mehr nötig. Sie wissen ja: Zur Konfirmation gehört der Schein wie das Amen in der Kirche.

Auch das besondere Fach für das Gesangbuch, früher wesentlicher Bestandteil unseres Spitzenmodells, kann inzwischen entfallen. Neu dafür ist ein Fach, in das Führerschein und Kaufbeleg des Mopeds kommen. Abgasbescheinigung und Tuning-Tips kommen in das Fach daneben.

Unser Spitzenmodell aus püriertem Chevignonleder enthält noch ein weiteres Fächlein, in das Kaufbelege von Videorecordern, Farbfernsehern und Spiegelreflexkameras hineingesteckt werden können.

Unser Spezialangebot für den peinlichen Verwandten, der ein Jahresabonnement für das Theater an der Ruhr schenken möchte, brauche ich hier bei diesem aufgeschlossenen Publikum ja wohl nicht vorführen. Für solche Notfälle haben wir eine höchst unauffällige Brieftasche entwickelt, in die Sie solche antiquierten Geschenke hineinlegen können.

Um die Stirne trägt unser Modell bei der Jugendweihe - oh, Entschuldigung, ich hatte gestern eine Modenschau in Leipzig, bei der Konfirmation ein Stirnband von Calvin Klein mit der tagesaktuellen Aufschrift: Geschenke - ja bitte! Kirche - nein danke!

Meine sehr geschätzten Damen und Herren, es muß Ihr Anliegen sein, die ganze Kirchenfeier auf Videoband festzuhalten, immerhin halten Ihre Kinder damit Beweismaterial in den Händen, daß Ihnen ihr letzter Auftritt in der Kirche ein Outfit für 5.000 DM wert war. Wir bedanken uns für Ihre allerwerteste Aufmerksamkeit.

Die Kreuztreter

Konsumlied

Eilst du kirchlich zu ner Feier,
kaufst du nur noch, was recht teuer -
nicht so einen bill'gen Tand,
Kuchen willst du, keinen Schmand.
Trulla trulla trullala ...

Fangen wir mal unten an,
an die F kommt PUMA dran
oder auch von ADIDAS -
alles andre macht kein Spaß.
Trulla ...

Mit ner Hose hoch zu Ross,
ist die Hose klar von BOSS,
schlimmstenfalls ne stonewashed JEANS -
darauf fliegen alle Teens.
Trulla ...

's T-Shirt ist von MARCOPOLO,
gehst du nicht mehr lange solo
und ne Uhr von Firma SWATCH
gibt dem Arm den richt'gen Touch.
Trulla ...

Mit nem Pulli von ESPRIT,
ja so toll warst du noch nie,
Unterwäsche von LACOSTE
schützt bei Hitze und bei Frost.
Trulla ...

Manche Muttis wolln nicht mehr,
Geldausgaben wiegen schwer –
meist jedoch ziehn sie zurück,
wichtig ist des Kindes Glück.
Trulla ...

Und so geht das immer weiter,
die Geschäftsleut bleiben heiter,
Konjunktur wird angefacht,
so wird gut Profit gemacht
Trulla ...

Doch wo soll das einmal enden,
wenn wir Güter so verschwenden –
irgendwann ist dann mal Ruh,
alles futsch und raus bist du.

Jürgen Erdmann (LUTHERRATTEN)

Die letzte Weihe

Der Vorhang öffnet sich. Auf der Bühne der »Pfarrer« im Ornat und die »Konfirmanden« Jürgen, Werner, Saskia, Silke und Uta in einer Reihe, festlich gekleidet. Rechts der »Pfarrer«, vor ihm eine Fußbank. Das ganze simuliert eine Konfirmationsituation.

Pfarrer: Liebe Konfirmanden! Ihr seid im Namen der sozialen Marktwirtschaft unterwiesen worden und habt vor der Industrie- und Handelskammer Rechenschaft davon abgelegt. Ihr sollt nun zum Tisch eurer neuen Herren eingeladen werden. So tut, was eure frühere erste frei gewählte Marionettenregierung gegen euren eigentlichen Willen getan hat, und bekennt mit diesem Publikum unser christlich-demokratisches Bekenntnis.

Konfirmanden: Wir bekennen!

Pfarrer: Nun frage ich euch: Wollt ihr in solchem Aberglauben durch eurer Arbeitgeber Gnade bleiben und wachsen? So antwortet: Ja.

Konfirmanden: Ja.

Pfarrer: Dazu helfe euch eure Treuhandanstalt, um eurer neuen Regierungen willen. Sie gebe euch das Wollen und Vollbringen nach ihrem Wohlgefallen! Wir haben im Neuen Testament gehört: »Du predigst, man solle nicht stehlen, und du stiehlst.« (Römer 2, 21) Und im Alten Testament heißt es: »Das gestohlene Brot schmeckt dem Manne wohl.« (Sprüche 20, 17) Wir bitten die alte Macht des neuen Geldes: Stärke diese Kinder, daß sie dem Teufel und ihrer eigenen Schwachheit gehorchen, auch wenn sie den Heiligen Geist betrüben und der christlichen Gemeinde manch Ärgernis geben. Der du mit vielen Auslandskonten und dem Heiligen Grundbesitz lebest und regierest hoffentlich nicht in Ewigkeit.

Konfirmanden: Amen.

Pfarrer: Liebe Konfirmanden! Was wir für euch gemeinsam erbeten haben, das laßt mich einem jeden von euch zusprechen: *(»Konfirmanden« treten einzeln vor den »Altar«, bekommen ihren Spruch und einen überdimensionalen 100-DM-Schein. »Mecklenburg« bekommt nur 20,- DM)* Jürgen Mecklenburgus: Hosea 4, 2: »Lügen und Morden haben überhandgenommen«. Werner Brandenburgus: Psalm 12, 3: »Sie heucheln und lehren aus uneinigen Herzen.« Silka Anhalta: Obadja 5: »Ja, sie sollen genug stehlen.« Saskia Thuringia: Jeremia 9, 4: »Sie befleißigen sich, wie einer den anderen betrüge.« Uta Sachsa: Lukas 10, 37: »Gehe hin und tue desgleichen!«– Die Gnade des großen Geldes, die euch berufen hat zu ihrer ewigen Arbeitslosigkeit, die wolle euch vollbereiten, gründen, umerziehen und durch den Glauben an die heilenden Kräfte des Marktes bewahren zur ewigen Abhängigkeit.

Konfirmanden: Denkste!

FKK

Phone-A-Wedding

Evangelisches Pfarramt Leuscheid. Dieses Gespräch wird geführt mit freundlicher Unterstützung der Krombacher Brauerei.

Ja, hier ist die Kirchengemeinde.

Ja, ich muß diesen Satz bei jedem Anruf sagen. Sie sind hier richtig.

So, Sie wollen heiraten.

Ja, das kann man hier bei uns. An was hatten Sie denn so gedacht?

Sie wissen noch nicht? Sie heiraten wohl zum ersten Mal?

Sie wissen gar nicht Bescheid?

Sie sind nicht in der Kirche? Macht doch nix. Ist doch heute kaum noch jemand. Macht doch nix.

Also, an welchen Termin hatten Sie denn so gedacht?

Samstag, 18. Juni, nachmittags. Hauptsaison also. Können Sie sich das denn leisten?

Ja, Hauptsaison ist bei uns in den Monaten Mai und Juni. Da wollen die meisten. Und da ist es natürlich teurer.

150% Aufschlag auf den Grundpreis. Ja, und dann natürlich noch der Wochenendzuschlag.

Ja, der Grundpreis, der hängt ein bißchen ab von dem, was Sie wollen.

Das Günstigste ist, wenn der Pfarrer zu Ihnen ins Haus kommt und seine Standardansprache hält. Dann entfallen z.B. die Gebäudebereitstellungskosten. Aber so etwas geht natürlich nicht im Juni. Da müssen wir uns an die lukrativeren Sachen halten.

Ach so, bei Ihnen zu Hause ist es auch zu klein. Ja, dann: Gemeindehaus oder Kirche.

Ja, in die Gaststätte käme der Pfarrer auch, aber nur November bis Februar, unsere Sparsaison.

Sie wollen in die Kirche. Ja, wer's sich leisten kann.

Ja, ich weiß, nur einmal im Leben ...

Also gut, Trauung in der Kirche, Samstag, den 18. Juni, 15 Uhr, das ginge.

Ja, zum Preis. Da müßte ich jetzt erst einmal wissen, wieviel Leute kommen.

Nein, Eintritt müssen die nicht bezahlen. Ich brauche die Angabe für unsere Sponsoren.

Ja, für die Werbung. Natürlich erzielen wir bessere Preise, wenn 200 Leute in die Kirche kommen, als wenn es nur 20 sind. Und diesen Preisvorteil können wir dann an Sie weitergeben.

Wie, das haben Sie noch nie gesehen, Werbung in der Kirche?

Ach so, bei der Konfirmation zum letzten Mal.

Da sollten Sie heute mal kommen. Mit einer gut vermarkteten Konfirmation machen wir 50.000 Mark.

Bandenwerbung, vor zwei Jahren haben wir die neuen Drehbanden angeschafft. Hat sich schon gelohnt. Talarwerbung kommt dann noch dazu. Außerdem Lizenzgebühren für Photographien und Videofilme. Natürlich zahlen auch die Konfirmanden eine kleine Abgabe. 7,5% des Bruttogeschenkwertes. Da kommt schon was zusammen.

Wie, Filmen und Photographieren wollen Sie auch?

Ja, wir nehmen da nur eine Pauschalgebühr von 150,- DM. Den Rest regeln Sie bitte mit dem Agenten unseres Pfarrers.

Ja, der muß ja auch leben.

Und ganz ohne Werbung. Das geht natürlich auch. Dann

kaufen Sie einfach die ganze Trauung. Dann geht's ganz ohne Werbung. Das heißt, der Pfarrer muß eine kleine Plakette von seinem Ausstatter am Talar tragen, Sie wissen doch, dezent, wie im Sportstudio.

Ja, Vertrag ist Vertrag.

Sie wollen mit dem Pfarrer sprechen?

Der soll zu Ihnen nach Hause kommen, Lieder aussuchen und so. Nicht die Standardtrauung. Mit Orgel sogar.

Ja, ich weiß, nur einmal im Leben ...

Mit einer fünfstelligen Summe müssen Sie schon rechnen.

Ja, aber wenn Sie uns das Ganze vermarkten lassen, wird es billiger.

Ach, da fällt mir noch was ein: Wir haben da ein Angebot. Haben Sie Kinder?

Noch nicht. Ja, was nicht ist, kann noch werden. Wir haben da ein Angebot: Eine Trauung LX plus Taufe Ihrer ersten beiden Kinder - 9.000 Mark.

LX - das heißt Gottesdienst mit Orgel und Läuten, Photo- und Film-Lizenz, Erlaubnis zum Reisstreuen und Hupen, alles inklusive, gilt auch für samstags. Da käme bei Ihnen dann nur noch der Aufschlag für die Hauptsaison dazu.

Nein, ein Gespräch mit dem Pfarrer ist da nicht dabei. Aber ich schicke Ihnen mit dem Vertrag ein Formular zu, in das Sie persönliche Angaben eintragen können. Und legen Sie bitte zwei Paßphotos bei, damit der Pfarrer sich ein Bild von Ihnen machen kann.

Ja, danke schön. Und denken Sie daran: Krombacher - ein Spitzenpilsener für Kenner. Auch als Light und Alkoholfrei. Der Tip für Ihre Feier. Auf Wiederhören.

Erwin Grosche

?

... und wenn man dann am Ende aller Wege steht
und um die große Kurve des Vergessens geht
dann sitzt da plötzlich so ein Typ mit Schirmmütze
auf einem Stuhl, wo hintendrauf sein Name verewigt ist
und schreit durch sein goldenes Megaphon

»Okay, Okay, das war schon ganz gut so
aber jetzt machen wir es noch einmal
und dann richtig und mit Gefühl.
Also, können wir?
Alles wieder auf Position.
Kamera läuft.
Ton ab und bitte!«

Und ich sehe mich wieder in einem Babybett liegen
und schreie und denke, mir bleibt auch nichts erspart ...

Werner Brall

Persönliches Schuldenbekenntnis auf dem Hamburger Kirchentag

Ich mache keine Rockmusik,
ich schreibe keine Zeitkritik,
ich singe nicht im Gospelchor,
ich komm' nicht im Theater vor,
ich tanze nicht auf einem Bein,
ich will kein neuer Guru sein,
ich biet' keine CD zum Kauf,
ich habe keine *message* drauf,
ich bin ganz still, mach keinen Krach,
ich bin allein beim Kirchentag,
ich sitze voll daneben,
ich will's nur überleben.

Werner Brall

Psalm 23

Übersetzung für den Kirchentag 1995

Du, mein Kirchentag, schickst mir einen Stadtplan,
darum kenn ich kein Verlaufen.
Du bringst mich zum Mittagessen
und führest mich zum frischen Elbwasser.
Du bringst mich glaubensmäßig wieder in Form.
Du führest mich in die richtige U-Bahn,
um dich nicht zu blamieren.
Und ob ich schon wanderte in der untersten B-Ebene,
fürchte ich keine Langeweile, denn du bist bei mir,
deine Dauerkarte und dein Programmheft trösten mich.
Du bereitest vor mir ein ausgefülltes Tagesprogramm
im Angesicht meiner Schwestern und Brüder.
Du salbest mein Haupt mit Hamburger Regen
und schenkest mir davon voll ein.
Die Erinnerung an Dich, Hamburger Kirchentag,
werden mir folgen mein Leben lang,
und ich werde in Leipzig wieder dabei sein.

7. Kunststück: Segen

Werner Brall

Segen

Und der Friede Gottes,
welcher höher ist
als alle Unvernunft,
bewahre unsere Herzen
und Unsinne
in Christus Jesus,
unserem Herrn.

Die Wi(e)derlacher

Segenslied III

Keiner soll im Regen stehn,
keiner ohne Segen gehn.
Unser Gott, der segnet gern.
Geht nun hin im Seg'n des Herrn.

Segnet aus und segnet ein,
segnet all den falschen Schein,
segnet ein und segnet aus,
segnet aus dem Leben 'raus.

Ja, es ist schon schön, das Leben,
ein paar Fehler zugegeben;
doch die stör'n nicht allzu sehr,
weil da ja der Segen wär'.

Schau dich an, schau in den Spiegel,
Freund, ich geb dir Brief und Siegel:
Siehst nicht dich! Dein Bild nur! Schade.
Was du siehst, ist nur Fassade.

Wie du willst, daß man dich sieht,
so siehst du dich. Schöner Schiet!
Mensch, dir wird das Leben knapp.
Und der Tod lacht sich eins ab.

Segenslied III

Siehst du, wer du wirklich bist?
daß du bist, so wie man ist?
Nein, das würde dich erschrecken.
Schnell den Segen drüber decken.

Segnet, Leute, nicht zu knapp.
Segnet allen Scheißdreck ab,
segnet hier und segnet dort,
z' jeder Zeit, an jedem Ort.

Lenk dich ab durch Pinke-Pinke.
Übermal den Tod durch Schminke,
segne ihn weg, wo man ihn find't.
Segnen macht den Spiegel blind.

Was wir tun in unserm Namen
ist gesegnet, Gott sagt Amen.
Und der Tod lacht: Treibt's nur arg,
hab' euch längst schon vor dem Sarg.

Nein, sagt Gott, ich sag nicht Amen.
Will das Leb'n in meinem Namen,
will, daß ihr lebendig seid
und nicht tot schon vor der Zeit.

Such das Leben, suche mich,
such die andern, suche dich.
Laß dich nicht einsargen, Mann!
Komm, fang mit dem Leben an!

Barbara Hornberger

Willkommen

Tritt ein
und fühle dich
zu Hause.
Tritt ein,
die Luft ist weich und still.

Tritt ein,
die Welt draußen
macht Pause
Tritt ein,
die Stufen sind stabil.

Eine winzige Sehnsucht
liegt dort auf dem Sofa
und wartet auf deinen Besuch.
Halt inne.
Halt still.
Und frag, was sie will.
Und achte nicht auf einen fremden Geruch.

Spür Entspannung und Lust.
Spür dein Herz in der Brust
und glaub, was es sagt.
Und frag, was es fragt.

Tritt ein
und fühle dich
zu Hause.

Hans-Hermann Moll (Lutherratten)

Das gelobte Land

Kein schöner Land in dieser Zeit,
als hier das uns're weit und breit.
Wo wir sie finden,
die alten Sünden
vergang'ner Zeit.
Wo wir uns finden
mit alten Sündern
vergang'ner Zeit.

Als schöner Brauch in diesem Land
ist das Vergessen wohlbekannt.
Vergang'ne Taten
nicht Schuld verraten
wir sind kulant.
Man denkt am besten
nicht mehr an Gestern
ist tolerant.

Wie mit den Nazis wir's gemacht
jetzt für die Stasi ist's gedacht.
Man wird sie finden
in alten Pfründen
der neuen Macht.
Die Gunst der Stunde
ging vor die Hunde
eh' wir's gedacht.

7. Kunststück: Segen

Was haben wir so manche Stund'
gefahndet nach dem Hintergrund
für solch' Verhalten
der Jung'n und Alten
ohne Befund.
Wollt nicht dran denken,
das Hirn verrenken
ist ungesund.

Drum, Deutschland, schlafe ruhig ein,
fest steht und treu die Macht am Rhein.
Sie will verdienen
aber nicht sühnen
das zählt allein.
Es wird schon richten
die Weltgeschichte
und uns verzeih'n.

Hanns Dieter Hüsch

Segen

Im übrigen meine ich,
daß Gott uns das Geleit geben möge,
immerdar,
auf unserem langen Weg zu unserer Menschwerdung,
auf dem endlosen schmalen Pfad zwischen Gut und Böse,
Herzenswünschen und niedrigen Spekulationen.

Er möge uns ganz nahe sein in unserer Not,
wenn wir uns im dornigen Gestrüpp
der Wirklichkeit verlieren.
Er möge uns in den großen anonymen Städten
wieder an die Hand nehmen,
damit wir seiner Phantasie folgen können.

Und auf dem weiten flachen Land
wollen wir ihn auf unseren Wegen erkennen.
Er möge uns vor falschen Horizonten
und dunklen Abgründen bewahren.
So daß wir nicht in Richtungen wandern,
die uns im Kreise und an der Nase herumführen.

Er möge unseren kleinen Alltag betrachten,
den wir mal recht und mal schlecht bestehen müssen,
die zwölf Stunden Unrast
und die zwölf Stunden Ruhe vor dem Sturm.

Er hat den Tag und die Nacht geschaffen,
hat auch den Alltag gemacht und den Schlaf,

die zwölf Stunden Eilen und Kümmern
und Laufen und Sorgen
und Streiten und Ärgern und Schweigen
und die zwölf Stunden Ausruhen
und nichts mehr Sehen und nichts mehr Hören.

Gott hat auch den Traum
und das tägliche Leben geschaffen.
Er möge uns die vielen Streitigkeiten
von morgens bis abends verzeihen,
das Hin- und Herlaufen
zwischen den vielen Fronten
und all die Vorwürfe,
die wir uns gegenseitig machen.

Er möge es in herzhaftes Gelächter verwandeln
und unsere Bosheiten in viele kleine Witze auflösen.

Wir bitten ihn, Zeichen zu setzen
und Wunder zu tun,
daß wir von all unseren Schuldzuweisungen ablassen
und jedwedem Gegner ein freier Gastgeber sind.

Er möge uns von seiner Freiheit ein Lied singen,
auf daß wir alle gestrigen Vorurteile außer Kraft
und alle Feindseligkeiten außer Gefecht setzen.
Er möge uns von seiner großen zeitlosen Zeit
ein paar Stunden abgeben,
und - er kann gewiß nicht überall sein -
er möge auch in unsere Stuben kommen
und unsere Habseligkeiten segnen,
unsere Tassen und Teller,
die Kannen, die Zuckerdose und den Salzstreuer,
die Essigflasche und den Brotkorb.

Er möge vor allem die Kinder schützen
und die Tiere vor jeglicher Willkür.
Ja, er möge sich zu uns an den Tisch setzen
und erkennen, wie sehr wir ihn alle brauchen,
überall, auf der ganzen Welt.

Denn wer will uns erlösen
von all unserem weltgeschichtlichen Wahn
und von unseren täglichen Lebenskonflikten?

Gott, unser Herr, möge auch
manchmal ein Machtwort sprechen
mit all jenen Herren,
die sich selber zu Göttern ernannt,
den Menschen durch Maschinen ersetzen
und für Geld Kriege führen
und mit Drogen alle Zukunft zerstören.

Er möge sich unserer erbarmen
am Tag und in der Nacht,
in der großen Welt
und in der kleinen Welt unseres Alltags,
in den Parlamenten,
in den Chefetagen der Industrie
und in unseren Küchen.

Er möge uns unsere Krankheiten überstehen lassen
und uns in der Jugend und im Alter
seine Schulter geben,
damit wir uns von Zeit zu Zeit,
von Gegenwart zu Gegenwart,
an ihn anlehnen können,
getröstet, gestärkt und ermutigt.
Gott schütze euch!

Abspann

Harald Schroeter

Wider die Onanousie!
oder: Warum es der Kirche gut tut, fremd zu gehen

Am Ende des Projektes »Kleiner kabarettistischer Katechismus« stellt sich die offene Frage, was es durch seine Anstößigkeit angestoßen hat.

Wenn sich Kirche bzw. Theologie Rat holt beim Kabarett, dann steht zur Debatte, ob sie nicht mehr weiß, was ihr Eigenes ist, oder ob es nicht vielmehr im Interesse ihres Eigenen notwendig ist, das Eigene dem Fremden auszusetzen. Wenn es richig ist, daß alles Eigene nur dann nicht zum Eigendünkel wird, wenn es den bewußten Kontakt zum Fremden aufsucht, dann ist es geboten, derartige Kontakte zu inszenieren. Dies gilt umso mehr für eine Theologie und Kirche, die in der gegenwärtigen pluralistischen Lage so im Gespräch bleiben will, daß sie vom multikulturellen Nebeneinander zur Eröffnung eines interkulturellen Zwischenraums vordringt, in dem Begegnung jenseits gegenseitiger Vereinnahmung möglich wird. Denn nur die bewußte und spielerische Gestaltung der Grenzöffnungen zwischen dem Eigenen und dem Fremden, die - wie sollte es anders sein - natürlich nicht ohne Schmerzen und Kränkungen, aber auch nicht ohne Lust und Lachen abgehen, ermöglicht es, daß das Frage-Antwort-Spiel nicht autoritär auf abschließende Richtig- oder Falsch-Ergebnisse hin gespielt wird, sondern den lebendigen Frage-Prozeß eröffnet, bei dem klar ist, daß, wer eine Frage stellt, immer auch das in Frage stellt, wonach er fragt. In diesem Fragen als einem lebenslangen Prozeß treffen sich Katechismus und Kabarett.

Aber nicht nur Kirche und Theologie haben sich hier in Frage stellen lassen, sondern auch die Kabarettisten und Kabarettistinnen, sei es, indem sie uns einen Beitrag zur Verfügung stellten, sei es, indem sie abgesagt haben, entweder aus Zeitgründen, wie Konrad Beikircher, Martin Buchholz, Gabi Decker, Mathias Deutschmann, Dieter Hallervorden, Elke Heidenreich, Dieter Hildebrandt, Helge Schneider und Georg Schramm, oder aber mit einer inhaltlichen Begründung, wie etwa Josef Hader. Die kritische Ernsthaftigkeit, mit der viele vom Kabarett uns geantwortet haben, zeigt, daß dieses Projekt auch in der deutschen Kabarettszene einige Verwirrung gestiftet hat. So schrieb uns Werner Koczwara (Schwäbisch Gmünd): »Bereits mehrere Kabarett-Kollegen haben mir Ihr Schreiben hilfesuchend zugesandt, verbunden mit der Frage, ob es denn ernst gemeint sein könne, sprich, ob hier einer mutwillig falsch Zeugnis ablegt. Nun, ich denke, Ihr Vorhaben ist durchaus ernst gemeint, und also kann ich Ihnen meine Unterstützung anbieten.«

Daß das Frage-Antwort-Modell der Katechismen sehr oft als autoritäres Frage-Antwort-Spiel, als Abfragen wirkt, zeigen folgende kabarettistische Reaktionen:

Lutz von Rosenberg Lipinsky (Hamburg) versah sein Antwortschreiben mit der Bemerkung: »Schöne Sache – so 'ne sakrale Game-Show! Hier also meine Einsendung: Hoffentlich sind die Antworten richtig!«

Und Hella von Sinnen (Köln) faxte uns: »Ihr Lieben! Bin mit der Aufgabe völlig überfordert! 6 – Setzen. Euch viel Erfolg, aber ohne die dicke Frau! Liebe Grüße aus Köln, Hella von Sinnen.«

Die meisten Reaktionen drehten sich darum, daß für die Befragten das, was sie von und über Theologie und Kirche bisher erlebt und vernommen hatten, entweder unverständlich oder soweit weg von ihrer Lebenswirklichkeit war, daß eine faire Auseinandersetzung Schwierigkeiten bereitete – eine kritische Anfrage an Theologie und Kirche!

Norbert Alich (Bonn) schrieb uns: »Ich bin vor Jahren aus der katholischen Kirche ausgetreten, nicht zuletzt, weil ich die Sprache der Theologen nie ganz begriffen habe. Nun kommen Ihre Fragen aus dem Heidelberger Katechismus, und schon stehe ich wieder vor meinen Austrittsgründen. [...] Insgesamt kann ich nur sagen: Wenn Ihr Theologen derart viel sprachlichen Dunst verbreitet, wundert Euch bitte nicht über die Kirchenaustritte! Fragen beantworten heißt, diese zunächst einmal verstehen können. Ich kann es nicht. Insofern sind meine Antworten wahrscheinlich nicht brauchbar. Ich weiß aber keine besseren. Mit freundlichen Grüßen, Norbert Alich.«

Bernd-Lutz Lange (Leipzig) schrieb uns: »Abgesehen davon, daß ich bis zum Abgabetermin leider nicht mal eine Frage beantworten könnte, hätte ich damit nicht nur Mühe, sondern halte dies schlicht für mich für unmöglich. Um etwas originell zu beantworten, muß man es wohl erst ernsthaft original können. Und das wäre mir bei aller Sympathie für theologische Fragen nicht möglich. Freundliche Grüße, Bernd-Lutz Lange.«

Robert Gernhardt (Frankfurt) schrieb uns: »Leider sehe ich mich außerstande, zum Kleinen Kabarettistischen Katechismus beizutragen, da ich [...] die Glaubensinhalte ernst nehme, im Guten wie im Bösen. Meint: Auch der, der sie anzweifelt oder leugnet, kann ihnen nicht mit ›schrägen‹ Einfällen beikommen, er ist, sofern er noch etwas fühlt, zur Blasphemie verdammt. Sofern er aber – wie ich – nichts mehr fühlt, sollte er auch nichts sagen. Schöne Grüße, R. Gernhardt.«

Didi Jünnemann (Köln) schrieb uns: »Lieber Theologe! Sie hatten mir [...] eine Anfrage wegen des Kleinen Kabarettistischen Katechismus zukommen lassen. Leider erschienen mir Ihre Fragen theologisch zu eng gezogen, als daß ich mich in der Lage sehen könnte, dafür hilf- wie sinnreiche Antworten zu finden. Liebe Grüße, Didi Jünnemann.«

Herbert Feuerstein (Brühl) faxte uns: »Hallochen, und schönen Dank für die freundliche Einladung, am Kleinen Kabarettistischen Katechismus mitzuwirken - aber ich muß passen. Einmal aus Zeitgründen, zweitens aus Materialmangel und drittens als gläubiger Atheist. Liebe Grüße, Herbert Feuerstein.«

DIE SCHEINHEILIGEN (Köln) schrieben uns: »Leider mangelt es uns einerseits an passenden Texten aus unserem Repertoire, andererseits an Zeit und geistiger Nähe zum Protestantismus, um fristgerecht neue Beiträge für Ihr Projekt zu erstellen. Mit freundlichen Grüßen, Christian Ehring.«

Überblicken wir unser Projekt insgesamt, so zeigt sich, daß die Kritik an der Institution Kirche im Vordergrund steht. Hier werden das Auseinanderfallen von Anspruch und Wirklichkeit am offenkundigsten, und es ist gut, daß es zur Sprache kommt.

Ein weiterer Schwerpunkt der kabarettistischen Auseinandersetzung war das in der Kirchengeschichte und auch heute noch vielfach tabuisierte »Verhältnis« von Kirche bzw. Religion und Sexualität.[1] Insgesamt war es jedoch für uns erstaunlich, in welcher Breite die Themen eines Katechismus kabarettistisch bearbeitet wurden. Dabei scheint die Grenze zwischen »kirchlichem« und »weltlichem« Kabarett fließend - ein sehr gutes Zeichen!

---

1. Maria Caterina Jacobelli hat in ihrem Buch *Ostergelächter. Sexualität und Lust im Raum des Heiligen* (Regensburg 1992) den Zusammenhang von Lachen, Religion und Sexualität aufgezeigt.

Vielleicht ist es Zufall, daß zum Vaterunser nur so wenig Beiträge eingingen, vielleicht zeigt sich daran aber auch, daß das Gebet so tief im Allgemeinmenschlichen verankert ist, daß es schwierig ist, hierzu kabarettistisch tätig zu werden. Not lehrt beten - das kennen alle; daß jedoch auch das Lachen ein Beten ist oder sein kann, das scheint den wenigsten bewußt. Denn gerade im Lachen haben wir uns selbst nicht mehr Griff. Das Lachen schüttelt uns, obwohl wir fälschlicherweise sagen, *wir* schüttelten *uns* vor Lachen. Das Lachen ist - ebenso wie sein Pendant: das Weinen - das Gegenüber zum Erstarren, wie Gerhard Marcel Martin in seinem theologischen Vortrag »Lachen als Körpersprache« auf der Tagung zum 70. Geburtstag von Hanns Dieter Hüsch im August 1995 in der Evangelischen Akademie Loccum[2] gezeigt hat. Insofern steht das Lachen auf der Seite des Lebens. Das Lachen ist ein Gegengift zur Totenstarre. Dietrich Zilleßen[3] hat gezeigt, daß Lachen und Weinen so auch Gegenspiele gegen jede Form von Fundamentalismus sind. Natürlich ist manches Lachen gefährlich. Aber wo gibt es etwas, das dem Tode entgegensteht und das nicht zugleich gefährlich wäre? Im Lachen ereignet sich eine Befreiung, die zugleich eine wohltuende Selbstrelativierung ist - eine offensichtliche Struktur-

2. Gerhard Marcel Martin: *Zur Idee einer Theologie des Lachens. Eine Skizze nach vorn*, in: Carmen Krieg / Thomas Kucharz / Miroslav Volf / Steffen Lösel (Hg.): *Die Theologie auf dem Weg ins das dritte Jahrtausend.* FS Jürgen Moltmann, Gütersloh 1996, 376-388. Die Loccumer Tagung mit weiteren lesenswerten kabarettistischen und theologische Beiträgen zum Thema Kabarett und Kirche (u.a. von Henning Schröer) ist in Auszügen dokumentiert: Sybille Fritsch-Oppermann (Hg.), *»Ewig und drei Tage«. Loccumer Protokolle* 53/95. Ev. Akademie Rehburg-Loccum 1997.

3. *Lachen weinen. Warum wir Gott nicht so eng sehen*; in: *EvErz* 47 [1995], 365-370.

analogie zum Beten! Das Lachen, auf das es das Kabarett abgesehen hat, befreit uns aus unserem Totalitätswahn und – es kränkt uns zugleich auch immer. Es ist eine befreiende Kränkung. Deswegen geht es nicht anders, daß dieses Lachen auch weh tut, mitunter im Halse stecken bleibt.

Wenn jemand an manchen Stellen fragt: Muß das denn sein, was ihr hier zum Teil in Druck gegeben habt, so lautet unsere Antwort unumwunden: Ja! Und dies gilt gerade für die blasphemischen Partien, die sich für jeden und jede im übrigen woanders festmachen.[4]

In Abwandlung des Satzes von Dietrich Bonhoeffer, daß sich jede gute Predigt auf der Grenze zum Häretischen bewege, läßt sich sagen: Jedes gute Kabarett bewegt sich auf der Grenze zum Blasphemischen.

Damit hat das Kabarett eine ähnliche Funktion wie eine christliche Apokalyptik, die Horrorszenarien des selbstverschuldeten Weltendes ausmalt, um sie von Katastrophen in Krisen zu verwandeln. Ebensowenig wie die Apokalyptik löst das Kabarett Probleme. Es macht vielmehr welche, dies aber nun so, daß sie nun wahrgenommen und redlich bearbeitet werden können. Das Kabarett entwickelt zum Teil schmerzliche Horrorszenarien, um unausweichliche Katastrophen in verhandelbare Krisen zu verwandeln. Wenn das Kabarett unsere Schmerzstellen so aufgedeckt hat, daß wir darüber lachen können, auch wenn's weh tut, dann sind wir entdeckt

4. Vgl. dazu Harald Schroeter, *Das geht zu z/weit. Frömmigkeit und Blasphemie als Problem theologischer Ästhetik*, in: Friedrich Wintzer / Henning Schröer / Johannes Heide (Hg.), *Frömmigkeit und Freiheit* (*Hermeneutica 5)*, Rheinbach-Merzbach 1995, 93-116; ders., *Semper aliquis haeresis. Dreieinhalb Grenzgänge im Labyrinth von Predigt und Häresie*, in: Athina Lexutt / Vicco von Bülow (Hg.), *Kaum zu glauben. Von der Häresie und dem Umgang mit ihr* (*AThG* 5), Rheinbach 1998, 328-342.

worden - und wer sehnte sich nicht danach, entdeckt zu werden?!

Wenn wir über uns und unsere Katastrophen lachen können, sind wir in der Lage, uns und sie befreiter in den Blick zu nehmen. Daran arbeiten das Kabarett wie die Theologie je auf ihre Weise. Möge es beiden gelingen, ohne sich zu scheuen, beim anderen fremdzugehen.

Daß es eine Theologie mit kabarettistisch-lebendiger Atmosphäre gibt, die es wagt, freundlich, aber bestimmt gegen den Tod aufzustehen, indem sie ihm ein österliches Lachen entgegensetzt, das haben Günter Ruddat und ich als Assistenten bei Henning Schröer erlebt und gelernt, dem (nicht nur) deshalb dieser Kleine Kabarettistische Katechismus gewidmet ist.

Quellennachweis

In Zweifelsfällen gilt bei allen Beiträgen die deutsche Rechtschreibung in den Grenzen von 1937. (Lina C. Schwerin)

BEHMENBURG, Wolfram: *Heiden*, in: Programmheft »Vorsicht Geist-Erfahrer«, 12.

GROSCHE, Erwin: *Himmelsgeschichten. Ein Boxerepos*, in: *So schließt sich der Kreis*, 1989, 37-40.

DERS.: *Professor Sermons Lieblingspatientin*, in: *So schließt sich der Kreis*, 1989, 49f.

DERS.: *Trauerrede für eine Fruchtsaftsorte*, in: *So schließt sich der Kreis*, 1989, 12f.

DERS.: *?*, in: *So schließt sich der Kreis*, 1989, 135.

HOHLER, Franz: *Die Schöpfung*, in: *Der Mann auf der Insel*, Ort?? 1991

HÜSCH, Hanns Dieter: *Ich glaube es nicht*, in: ders.: *Den möcht ich sehn ...*, Köln 1978, 56.

DERS.: *Psalm*, in: *Das Schwere leicht gesagt*, Freiburg 1994, 45.

DERS.: *Segen*, in: Konrad von Bonin (Hg. i.A. des DEKT): *Deutscher Evangelischer Kirchentag Ruhrgebiet 1991*, Stuttgart 1991, 590-592.

DIE KNEIFER: *Die Christlichen U-Boote oder Jahrzehnte im Kampf gegen die Untergetauchten*, in: Jens Marheineke: *Hart an der Scherzgrenze. Ein Streifzug durch deutsche Lande mit Kneifersketchen*, Hamburg ^{3}1994, 14-17.

DIES.: *Die Wunder des Herrn im 20. Jahrhundert*, in: Jens Marheineke (Hg.): *Hart an der Scherzgrenze. Ein Streifzug durch deutsche Lande mit Kneifersketchen*, Hamburg ^{3}1994, 52-54.

DIE KREUZTRETER: *Doppelt verglast oder nur einfach falsch belichtet?*, in: Wolf-Dieter Zimmermann (Hg.): *Kreuz oder quer?*, Löhne 1994, 107-110.

DIES.: *FürchteNichts - der Krisenreaktionspfarrer*, in: Wolf-Dieter Zimmermann (Hg.): *Kreuz oder quer?*, Löhne 1994, 96-98.

DIES.: *Konfirmationsmoden / Konsumlied*, in: Wolf-Dieter Zimmermann (Hg.): *Kreuz oder quer?*, Löhne 1994, 24-27.

DIES.: *Das Märchen von dem Land, in dem ohne Kirche alles ausnehmend wurde*, in: Wolf-Dieter Zimmermann (Hg.): *Kreuz oder quer?*, Löhne 1994, 104f.

Martin Luther, Der Kleine Katechismus (Auszüge auf den Seiten 49, 109 u. 191 dieses Buches), in: Evangelisches Gesangbuch, Neukirchen-Vluyn 1996, 1312-1322 (EG 855.1-3).

SCHRÖER, Henning: *Etwaige Ähnlichkeiten mit heute sind rein zufällig*, in: Rüdiger Runge (Hg.), *Kirchentag '93*, Gütersloh 1993, 33-35.

SCHWESTER & BRUDER GMBH: *Diakonie*, in: Sabine Henke / Reiner Rautenberg: *Das wahre KirchenKabarettJahr. Ein Jahr unter Schwestern und Brüdern*, Dortmund 1995, 49.

DIES.: *Gemeindeschlüsselkultur*, in: Sabine Henke / Reiner Rautenberg: *Das wahre Kirchen KabarettJahr. Ein Jahr unter Schwestern und Brüdern*, Dortmund 1995, 9-11.

DIES.: *Wochenend und Heilgenschein*, in: Sabine Henke / Reiner Rautenberg: *Das wahre KirchenKabarettJahr. Ein Jahr unter Schwestern und Brüdern*, Dortmund 1995, 68.

WOLLENBERGER, Werner: *Deutsches Credo*, in: *Kom(m)ödchen, 20. Programm*, Düsseldorf 1958

ZUPP, Werner: *Unterbrich mich nicht, Herr - ich bete!*, in: Sigrid und Horst Klaus Berg: *Bergpredigt. Biblische Texte verfremdet* 8, Stuttgart/München 1988, 64-66.

Alle anderen Beiträge sind Originalbeiträge.

Verzeichnis der Autorinnen, Autoren, Gruppen und Herausgeber

Norbert Alich (Jg. 1955): Annabergerstr. 55, 53175 Bonn
CD (zusammen mit Rainer Pause und Jean Faure): *Kölsch für Europa. Die Hits aus 13 Jahren Punk-Pink-Pantheon*

ASC - Achim Schmidt-Carstens, Rainer Bielfeldt
Kontaktadresse: Achim Schmidt-Carstens: Ludolfstr. 42, 20249 Hamburg

Das weißblaue Beffchen (München), gegr. 1986
Kontaktadresse: Wolfgang Wunderer, Klausenberg 1, 86199 Augsburg

Werner Brall (Jg. 1951): Zeisigweg 31, 47661 Issum

Martin Buchholz (Jg. 1966 - *Quodlibet*): Hedwigstr. 1, 50259 Pulheim
CD: Quodlibet, pila-music 1993

Die Doofen - Wigald Boning, Olli Dittrich
Kontaktadresse: Sing Sing Records GmbH, Wittelsbacherstr. 18, 10707 Berlin
CD: Lieder, die die Welt nicht braucht
CD: Melodien für Melonen

doppelpunkt - Carsten Fuchs (Jg. 1968), Thomas Kerksiek (Jg. 1972)
Kontaktadresse: Carsten Fuchs, Hesselteicher Str. 73, 33829 Borgholzhausen
CD/MC: denkste?! - CD: Wer's glaubt, wird selig!

Korelia Escher alias Dr. Gabriele Kleb (Jg. 1953): Im Hagenfeld 95, 48147 Münster

FKK (FrauenKirchenKabarett) - Marianne Bischoff (Jg. 1957), Angela Pollheim (Jg. 1957), Ulrich Pollheim (Jg. 1954)
Kontaktadresse: Angela Pollheim, Am Wildzaun 12, 53842 Troisdorf

Florian Frenzel (Jg. 1972 - *Hildesheimer Kleinkunstkarussel*): Saarstr. 144, 31141 Hildesheim
Artikel: Hüschen; in: Forum Loccum 14 (1995) Heft 3

Martin Funda (Jg. 1958): Stormstr. 20, 45525 Hattingen

Erwin Grosche (Jg. 1955): Engernweg 23, 33100 Paderborn
Buch: Vom großen G zum kleinen Glück - Bühnentexte, Paderborn 1991; Buch: Mensch Bommel, Wien 1996

Härter bis Wolkig Faxenkombinat: Postfach 190211, 50672 Köln
CD: Terroristen; CD: Musikka Lustikka
Okko Herlyn (Prof. Dr., Jg. 1946 - *Die Spötter*): Kurfürstenstr. 10, 44791 Bochum
Buch: Blues in Grün. Wortlaut vom Niederrhein und anderswoher, Duisburg 1992; Buch: Niederrheinische Gottheit mit zwei Buchstaben, Duisburg 1995
Franz Hohler (Jg. 1943): Giebelstr. 49, CH-8050 Zürich
Buch: Der neue Berg (1989)
Buch: Die blaue Amsel (1995)
Barbara Hornberger (Jg. 1970): Tappenstr. 37, 31134 Hildesheim
Hanns Dieter Hüsch (Jg. 1925): An-Groß-St.-Martin 3, 50667 Köln
Joint Venture - Martin Simon (Jg. 1966), Götz Wiedmann (Jg. 1965)
Kontaktadresse: Martin Simon, Peter-Bauer-Str. 13-15, 50823 Köln
CD: Dinger; CD: Augen zu
Die Kirchenläuse - Hartmut Handt (Jg. 1940), Eckhard Schäfer (Jg. 1937)
Kontaktadresse: Hartmut Handt, Holländische Heide 13, 42113 Wuppertal
Kirchenkabarett *Klüngelbeutel*
Kontaktadresse: Wolfram Behmenburg, Ignystr. 6, 50858 Köln
Herbert Knebel alias Uwe Lyko (Jg. 1954), Stankeitstr. 65, 45326 Essen
CD: Getz aber in Echt, Sony-Music
Buch: Boh glaubse, Verlag Henselowsky Boschmann 1995
Die Kneifer (→ Marheineke)
Werner Koczwara (Jg. 1957): Siechenbergweg 13, 73525 Schwäbisch Gmünd
CD: Wenn die Keuschheit im Bordell verpufft ...
Hans König (Jg. 1962 - *Théâtre du pain*): Hamburger Str. 171, 28205 Bremen
Das Kom(m)ödchen (gegr. 1947)
Kontaktadresse: Kom(m)ödchen GmbH, Bolkerstr. 44, 40213 Düsseldorf
Buch: Gottes Regenbogen hat einen Trauerrand
Kirchenkabarett *Die Kreuztreter*
Kontaktadresse: Wolf-Dieter Zimmermann, Steinkuhle 17, 45470 Mülheim/Ruhr
Buch: Wolf-Dieter Zimmermann (Hg): Kreuz oder Quer? Innenansichten des Kirchenkabaretts »Die Kreuztreter« von 1985-1994, Löhne 1994
Hermann Leder (Jg. 1939 - *Ökumenische Spielgemeinde*):
Mühlhäuser Str. 7, 99092 Erfurt
Andreas Loos (Jg. 1963): Uhlandstr. 30, 46047 Oberhausen

Lutherratten/Literaten, Kabarett der Lutherkiche Düsseldorf - Jürgen Erdmann (Jg. 1939), Hans-Hermann Moll, Günther Schwarzbauer, Siebo Woydt
Kontaktadresse: Pfarrer Jürgen Erdmann, Kopernikusstr. 9 c, 40223 Düsseldorf
Artikel: Jürgen Erdmann: Sorget für euer Leben - Lutherratten, Kabarett der Lutherkirche Düsseldorf; in: Spiegeleien. Eine Nach-Lese für Enno Obendiek, Leverkusen 1991
Artikel: Jürgen Erdmann: Elia im Kabarett; in: Klaus Grünwaldt / Harald Schroeter (Hg): Was suchst du hier, Elia? Rheinbach 1995

Andreas Malessa (Jg. 1955): Wellinger Str. 17, 73269 Stuttgart
Buch: Freudigkeit und Glaubensfrucht. Ein frommdeutsches Wörterbuch, Wuppertal 1992

Jens Marheineke (Dr., Jg. 1928 - *Die Kneifer*): Steilshooper Str. 189, 22307 Hamburg
Buch: Hart an der Scherzgrenze. Ein Streifzug durch deutsche Lande mit Kneifersketchen, Hamburg ^{3}1994.
Buch: Ein Waisenknabe wird zum Petroleumkönig

Reinhard Marheineke (Jg. 1955), Dr. *Uwe Marheineke* (Jg. 1958 - *Die Kneifer*)
Kontaktadresse: Reinhard Marheineke, Allerhehre 34, 22309 Hamburg
Buch: Närrische Zeilen (1994)
Buch: Kneifertourismus (1996)

Dieter Meimbresse (Jg. 1952 - *Gruppe für Frieden, Umwelt und Ökumene*): Kirchstr. 3, 31867 Lauenau

N8chtschicht (gegr. 1984)
Kontaktadresse: Gruppe N8chtschicht c/o Friedhelm Eckenga, Weissenburger Str. 22, 44135 Dortmund
CD: Glückliche Momente

Osti Osteroth (Jg. 1960 - *Engel / Falsche Freunde*): Limpericher Str. 154, 53225 Bonn
LP: einfach + geschmacklos: zäh + krank
CD: Engel: *Immer Richtung Paradies*

Thomas Philipzen (Jg. 1969): Melchersstr. 40, 48149 Münster

Wolfgang Pusch (Jg. 1943): Friedhofstr. 16, 27321 Morsum
Artikel in Klaus Budzinski (Hg): Vorsicht, die Mandoline ist geladen, Frankfurt 1970

Richard Rogler (Jg. 1949)
Kontaktadresse: mm-teamwork - Norbert Michulsky, Lübisrather Str. 76, 41469 Neuss

Lutz von Rosenberg Lipinsky (Jg. 1965): Durchschnitt 18, 20146 Hamburg
Diverses in: *Marburger Literaturalmanach*
Florian Schmidt (Jg. 1972): Kurlandstr. 3, 53225 Bonn
Bruno Schollenbruch (Jg. 1948): Senefelder Str. 19A, 70178 Stuttgart
Buch: Wir sitzen all im gleichen Code, Stuttgart 1984
LP: No Problem, Stuttgart 1987
Schwester & Bruder GmbH (gegr. 1991)
Kontaktadresse: Reiner Rautenberg, Graf-Diederich-Str. 8, 58239 Schwerte
Buch: Sabine Henke / Reiner Rautenberg: Das wahre KirchenKabarett-Jahr. Ein Jahr unter Schwestern und Brüdern erlebt und durchlitten von: Schwestern & Brüder Gmbh, Kirchenkabarett aus Dortmund, Dortmund 1995
MC: Unter Brüdern
Die Wi(e)derlacher (gegr. 1989)
Kontaktadresse: Klaus Grammel, Kruseweg 16, 12279 Berlin
Sibylle Wiemer-Clement (Jg. 1954 - *Die Weberinnen*): Ludwig-Schopp-Str. 23, 53117 Bonn
Andreas Winheller (Jg. 1971): Adelheidisstr. 68, 53225 Bonn
Werner Zupp (Jg. 1956 - *Kaffeesatz*): Pfarrstr. 8, 56564 Neuwied

Die Herausgeber

Günter Ruddat, Jahrgang 1947, Dr. theol., 1966-1971 Studium der Ev. Theologie in Bonn und Heidelberg. 1972-1976 Assistent für Prakt. Theologie bei Prof. Dr. Henning Schröer in Bonn. 1976-1991 Gemeindepfarrer in Leverkusen-Wiesdorf. Seit 1991 Professor für Prakt. Theologie am Fachbereich Religions- und Gemeindepädagogik der Ev. Fachhochschule Rheinland-Westfalen-Lippe in Bochum und seit 2001 auch an der Kirchlichen Hochschule Wuppertal. Langjährige leitende Mitarbeit beim Deutschen Evangelischen Kirchentag (u.a. Liturgische Tage Martin Luther King, Dietrich Bonhoeffer, Albert Schweitzer, Ernst Lange, Martin Niemöller), seit 1997 als Nachfolger von Henning Schröer Vorsitzender des *Ständigen Ausschusses für Abendmahl, Gottesdienst, Fest und Feier* (AGOFF) beim Deutschen Ev. Kirchentag.

Wichtige Publikationen: Henning Schröer / Günter Ruddat: *Themagottesdienste*. Gütersloh 1973; Günter Ruddat (Hg.): *Elementarbuch: Religion*. Düsseldorf 1976-1992 [Sonderpädagogisch orientierte Schulbuchreihe für den Religionsunterricht]; Jürgen Koerver / Reinhard Köster / Günter Ruddat / Hans-Joachim Schneider (Hg.): *Kindergottesdienst-Helferhandbuch.* Stuttgart (1976). 4. überarb. Aufl. 1989; Günter Ruddat: *Religionsunterricht in der Hilfsschule von den Anfängen bis 1945* (*PTHe* 6). Stuttgart 1993; Fritz Baltruweit / Günter Ruddat: *Gemeinde gestaltet Gottesdienst* 1. *Arbeitsbuch zur erneuerten Agende*. Gütersloh 1994; Fritz Baltruweit / Günter Ruddat: *Gemeinde gestaltet Gottesdienst* 2: Taufe, Konfirmation, Trauung, Beerdigung. Gütersloh 2000; Winrich C.-W. Clasen / Michael Meyer-Blanck / Günter Ruddat (Hg.): *Evangelischer Taschen-Katechismus* (ETK). Rheinbach / Birnbach ²2001; Gotthard Fermor / Günter Ruddat / Harald Schroeter-Wittke (Hg.): *Gemeindekulturpädagogik*. Henning Schröer zum 70. Geburtstag am 2. Mai 2001. (Hermeneutica, Bd. 11) Rheinbach 2001.

Harald Schroeter-Wittke, Jahrgang 1961, Dr. theol., Privatdozent, 1981-1987 Studium der Ev. Theologie in Krelingen, Marburg und Bonn; 1987-1998 Assistent für Praktische Theologie in Bonn; Pfarrer z.A. im Kirchenkreis Bad Godesberg-Voreifel, z.Zt. freigestellt für eine Lehrstuhlvertretung in Paderborn; 1984-1992 nebenamtlicher Kirchenmusiker; seit 1991 Leitende Mitarbeit beim Forum »Kunst und Kirche« auf den Deutschen Evangelischen Kirchentagen; seit 1995 in der Leitung des deutschen Arbeitskreises für Populäre Kultur und Religion; Spieleautor und Mitbegründer von www.circenses.de.

Wichtige Publikationen: Dietrich Zilleßen / Stefan Alkier / Ralf Koerrenz / Harald Schroeter (Hg): *Praktisch-Theologische Hermeneutik. Ansätze - Anregungen - Aufgaben*. Henning Schröer zum 60. Geburtstag, Rheinbach-Merzbach 1991; Harald Schroeter: *Kirchentag als vor-läufige Kirche. Der Kirchentag als eine besondere Gestalt des Christseins zwischen Kirche und Welt* (*PTHe* 13). Stuttgart u. a. 1993; Klaus Grünwaldt / Harald Schroeter (Hg): *Was suchst du hier, Elia? Ein hermeneutisches Arbeitsbuch*. Werner H. Schmidt und Horst Seebass zum 60. Geburtstag (*Hermeneutica* 4). Rheinbach-Merzbach 1995; Bernd Beuscher / Harald Schroeter / Rolf Sistermann (Hg.): *Prozesse postmoderner Wahrnehmung. Kunst - Religion - Pädagogik*. Wien 1996; Henning Schröer / Gotthard Fermor / Harald Schroeter (Hg.): *Theopoesie* (*Hermeneutica* 7), Rheinbach 1998; Martin Osteroth / Harald Schroeter: *Mückenstich*, Queen-Games (Troisdorf) 1999; Gotthard Fermor / Hans-Martin Gutmann / Harald Schroeter (Hg.): *Theophonie. Grenzgänge zwischen Musik und Theologie* (*Hermeneutica* 9), Rheinbach 2000; Harald Schroeter: *»Denn die Lehre feiert auch, und die Feier lehret.« Prospekt einer liturgischen Didaktik*, Waltrop 2000; Harald Schroeter-Wittke: *Unterhaltung. Praktisch-theologische Exkursionen zum homiletischen und kulturellen Bibelgebrauch im 19. und 20. Jh. anhand der Figur Elia*, Frankfurt 2000; Harald Schroeter-Wittke: *Ahnung von der Predigt. Konturen homiletischer Didaktik*, Waltrop 2000; Gotthard Fermor / Günter Ruddat / Harald Schroeter-Wittke (Hg.): *Gemeindekulturpädagogik*. Henning Schröer zum 70. Geburtstag (*Hermeneutica* 11), Rheinbach 2001. Harald Schroeter-Wittke / Berthold Wicke: *Liturgisches Konzert* (CD). Vierhändige Klaviermusik von Brahms, Debussy und Hindemith, Bonn 2001.

Der Emeritierte

Henning Schröer, Jahrgang 1931. 1952-1957 Studium der Ev. Theologie in Berlin (Kirchliche Hochschule), Göttingen und Heidelberg. Promotion zum Dr. theol. in Heidelberg. 1957-1959 Vikariat in Kopenhagen / Predigerseminar in Preetz. 1959 Ordination in Kiel. 1960-1966 Gemeindepfarrer in St. Petri, Kopenhagen. 1967-1968 Religionslehrer in Eberbach und Heidelberg. 1968 Habilitation für Praktische Theologie in Heidelberg. 1971-1997 Professor für Praktische Theologie an der Ev.-Theol. Fakultät der Universität Bonn. 1980-1997 Vorsitzender des *Ständigen Ausschusses für Abendmahl, Gottesdienst, Fest und Feier* (AGOFF) beim Deutschen Ev. Kirchentag.

Wichtige Publikationen: *Unser Glaubensbekenntnis heute. Versuch einer theologischen Bilanz.* Hamburg 1971; *Moderne deutsche Literatur in Predigt und Religionsunterricht.* Heidelberg 1972; (mit Günter Ruddat:) *Themagottesdienste.* Gütersloh 1973; (als Hg.:) *Einführung in das Studium der evangelischen Theologie.* Gütersloh 1982; *Lehren und Lernen als Aufgabe der Kirche in Konfirmandenarbeit und Religionsunterricht.* Düsseldorf 1986; (mit Sybille Fritsch-Oppermann; Hg.:) *Lebendige Liturgie*, Gütersloh Bd. 1 (1990), Bd. 2 (1992); *Kompendium der Praktischen Theologie.* Stuttgart 1998; (mit Gotthard Fermor und Harald Schroeter; Hg.:) *Theopoesie* (HERMENEUTICA 7), Rheinbach 1998.

Herausgebertätigkeit: *Theologische Realenzyklopädie* (TRE), *Der Evangelische Erzieher*, Frankfurt/Main, Berlin; *Handbuch der Praktischen Theologie*, Gütersloh; Reihe: *Praktische Theologie heute*, Stuttgart; Reihe: *Hermeneutica* (zusammen mit Werner H. Schmidt), Rheinbach.